山东省技能型人才培养特色名校建设教材

企业会计报表分析

主　编：李传江　王艳娟
副主编：徐一湘　李　梅　陈　明　贾丽娟

科学技术文献出版社
SCIENTIFIC AND TECHNICAL DOCUMENTATION PRESS
·北京·

图书在版编目（CIP）数据

企业会计报表分析 / 李传江，王艳娟主编. —北京：科学技术文献出版社，2015.9（2017.7重印）
ISBN 978-7-5189-0587-4

Ⅰ.①企…　Ⅱ.①李…　②王…　Ⅲ.①企业—会计报表—会计分析—高等职业教育—教材　Ⅳ.①F275.2

中国版本图书馆 CIP 数据核字（2015）第 189566 号

企业会计报表分析

策划编辑：崔灵菲　　责任编辑：王瑞瑞　　责任校对：赵　瑷　　责任出版：张志平

出 版 者	科学技术文献出版社
地　　址	北京市复兴路15号　邮编　100038
编 务 部	（010）58882938，58882087（传真）
发 行 部	（010）58882868，58882874（传真）
邮 购 部	（010）58882873
官方网址	www.stdp.com.cn
发 行 者	科学技术文献出版社发行　全国各地新华书店经销
印 刷 者	虎彩印艺股份有限公司
版　　次	2015年9月第1版　2017年7月第4次印刷
开　　本	787×1092　1/16
字　　数	120千
印　　张	6.5
书　　号	ISBN 978-7-5189-0587-4
定　　价	20.00元

版权所有　违法必究

购买本社图书，凡字迹不清、缺页、倒页、脱页者，本社发行部负责调换

前　言

"企业会计报表分析"是高职高专院校的会计、审计、财务管理等专业的必修课程，本教材在编写过程中以《高等职业学校专业教学标准（试行）》为依据，教材主要有以下特点：

1. 减少以前教材重计算、轻分析的状况，减少计算环节，为学生提供计算完毕的相关指标及其他参考资料，重在分析，提高学生学习积极性，充分调动学生的自主意识。

2. 提供2013年度相关企业真实会计报表及相关披露，同时提供2011年度和2012年度简式报表和相关财务指标比率或指数，进行比较、趋势、比率、因素分析，重点掌握相关分析方法在实际工作环境中的应用。

3. 对相关的教学方法提出要求，重点以小组讨论的方式，采用集体讨论的模式，以小组的形式形成讨论结果，以PPT形式在小组与小组之间进行交流。

4. 减少对所谓准确答案的依赖，重点挖掘学生的潜力，重在交流、沟通，提高学生的综合素质。

5. 以任务为导向，基于工作过程，结合实际工作需要，加强与青州市国家税务局计划统计科王艳娟交流，充分利用"金税三期"的大数据，使理论与实践更好地契合。

本书以我国最新的会计准则、会计制度及相关法律、法规为依据。本书由山东经贸职业学院会计系教师李传江、青州市国家税务局王艳娟主编，徐一湘、李梅、陈明、贾丽娟为副主编。在编写过程中，参考了一些上市公司、新浪财经、东方财富网的相关数据。

由于时间关系，书中难免存在不妥之处，敬请同仁和同学们指正，并对科学技术文献出版社的领导与编辑对本书出版付出的辛苦劳动表示衷心感谢。

编　者

2015年6月

目录 Contents

项目 1　会计报表分析认知 1
  任务 1-1　会计报表认知 1
    一、会计报表概述 1
    二、会计报表分类 1
  任务 1-2　会计报表编制原则 14
    一、持续经营 14
    二、一致性 14
    三、重要性 15
    四、抵消原则 15
    五、可比性 15

项目 2　会计报表分析方法 16
  任务 2-1　会计报表分析的意义 16
    一、会计报表分析的概念 16
    二、会计报表分析的意义 16
  任务 2-2　会计报表分析方法 18
    一、会计报表分析的内容 18
    二、会计报表分析的方法 19

项目 3　会计报表分析报告（简例） 29
    一、公司简介及主要会计数据 29
    二、基本财务情况分析 32
    三、预算完成情况及分析 34
    四、财务指标分析 35
    五、重要问题综述及建议 35

项目 4　企业基本财务情况分析 37
  任务 4-1　资产项目分析 37

一、货币资金 37
　　二、交易性金融资产 38
　　三、应收账款 39
　　四、其他应收款 40
　　五、存货 40
　　六、长期股权投资 41
　　七、固定资产 41
　　八、长期待摊费用 42
　任务 4-2　负债项目分析 42
　　一、流动负债分析要点 43
　　二、非流动负债分析要点 43
　任务 4-3　所有者权益项目分析 44
　任务 4-4　利润表项目分析 45
　　一、营业收入分析 45
　　二、营业成本分析 46
　　三、期间费用分析 46
　　四、投资收益分析 47
　　五、营业外收支分析 47
　　六、利润分析 47

项目 5　会计报表指标分析 64
　任务 5-1　偿债能力分析 64
　　一、偿债能力分析基础 64
　　二、短期偿债能力分析 64
　　三、长期偿债能力 69
　任务 5-2　资产运用效率分析 74
　　一、应收账款周转率 75
　　二、存货周转率 75
　　三、固定资产周转率 76
　任务 5-3　盈利能力分析 80
　　一、与收入、成本费用有关的利润率指标 80
　　二、与资产有关的利润率指标 81
　　三、与上市公司有关的利润率指标 82

项目 6　根据材料撰写财务分析报告 90

项目 1

会计报表分析认知

任务 1-1　会计报表认知

一、会计报表概述

财务报告是指企业对外提供的反映企业某一特定日期的财务状况和某一会计期间的经营成果、现金流量等会计信息的书面文件。财务报告包括会计报表和其他应当在会计报表中披露的相关信息和资料。

会计报表是对企业财务状况、经营成果和现金流量的结构性表述的书面文件。会计报表至少应当包括资产负债表、利润表、现金流量表、所有者权益（或股东权益）变动表及报表附注。

由于日常会计核算资料是分散在大量的会计凭证和会计账簿中，不能概括、系统和集中地提供一个单位的财务状况、经营成果和现金流动情况，为此，就需要根据各账簿资料来整理汇总编制会计报表，以集中地提供一个企业的各种财务信息，所以，编制和分析会计报表是企业会计工作中一项极为重要的内容。

作为会计程序，企业编制会计报表，是对日常会计核算资料进行定期的浓缩整理和总结，即对大量的分散在各种会计凭证和会计账簿上的资料进行汇总和浓缩。而作为会计工具，会计报表能为企业内外部有关部门和人员提供本企业的各方面情况，为其经济决策服务。

二、会计报表分类

企业的会计报表可以按照其反映的内容、编报时间、编制单位和服务对象进行分类。

（一）按照会计报表反映的内容不同，分为资产负债表、利润表、现金流量表、所有者权益（或股东权益）变动表和报表附注

1. 资产负债表

资产负债表是指反映企业在某一特定日期（如月末、季末、年末等）财务状况的报表。它反映的是企业在某一特定日期所拥有的或控制的经济资源，所承担的现

时义务和所有者对净资产的要求权。资产负债表根据"资产＝负债＋所有者权益"的会计恒等式设计，按照一定的分类标准和顺序，将企业在一定日期的资产、负债和所有者权益各项目予以适当排序，并对日常核算中形成的大量数据进行整理汇总后编制而成。资产负债表是静态报表。

通过资产负债表，可以取得企业资产、负债、所有者权益总额和结构情况及财务分析的相关资料等财务信息。

(1) 资产负债表有助于了解企业规模及其构成

资产负债表反映了企业某一日期资产的总额与构成，表明企业资产的规模与分布情况，即在企业拥有的总资产中，流动资产与非流动资产的数额，如企业有多少资源是流动资产，有多少资源是长期股权投资，有多少资源是固定资产等。

(2) 资产负债表有助于了解企业的负债总额极其构成

通过了解资产负债表及其构成情况，可以判断企业未来需要用多少流动资产或劳务来清偿债务。即企业有多少流动负债，有多少非流动负债，非流动负债中有多少需要用当期流动资金来偿还等。

(3) 资产负债表有助于了解所有者权益及其构成

资产负债表中的权益总额及其构成情况，表明所有者实际拥有的权益总额以及在资产总额中所占有的份额。

(4) 资产负债表可以提供财务分析的基本资料

通过资产负债表提供的数据，可以计算企业的长短期偿债能力、盈利能力和资产运用效率等一系列财务指标，从而有助于报表使用者进行经济决策。

(5) 资产负债表的格式一般有两种：报告式（上下结构）与账户式（左右结构）。

报告式资产负债表根据"资产－负债＝所有者权益"会计恒等式设计，直接计算反映企业的净资产情况，他是站在企业所有者的角度，报告企业的净资产情况，侧重于所有者服务，报告式负债表的基本格式见表1–1。

账户式资产负债表根据"资产＝负债＋所有者权益"的会计恒等式设计，左侧为资产各项目，右侧为负债和所有者权益各项目，揭示了"资产＝负债＋所有者权益"的平衡关系。由于资产负债表是反映特定时点的静态资料，各主要项目的资料又是根据有关账户的余额填列的，其中资产类账户的余额一般在借（左）方，负债和所有者权益账户的余额一般在贷（右）方，所以这种格式也称为左右账户式结构，账户式资产负债表是站在外部使用者（如投资人、债权人）的角度，报告企业的财务状况。

在我国，资产负债表采用账户式结构，见表1–1。

表 1-1　W 股份有限公司资产负债表

编制单位：W 股份有限公司　　　　2013 年 12 月 31 日　　　　　　单位：万元

资产	金额	负债及所有者权益	金额
流动资产：		流动负债：	
货币资金	75 555.50	短期借款	141 650.00
应收票据	267 993.00	应付票据	35 122.30
应收账款	75 348.70	应付账款	123 518.00
预付款项	6 988.27	预收款项	19 134.70
其他应收款	4 079.17	应付职工薪酬	28 621.90
存货	17 205.30	应交税费	22 115.80
一年内到期的非流动资产	3 000.00	其他应付款	49 765.90
其他流动资产	0.00	一年内到期的非流动负债	46 336.80
流动资产合计	450 170.00	流动负债合计	466 265.00
		非流动负债：	
		长期借款	117 900.00
非流动资产：		长期应付款	24 686.60
长期应收款	3 000.00	专项应付款	13 759.20
长期股权投资	75 661.90	其他非流动负债	480.71
固定资产原值	1 127 930	非流动负债合计	156 827.00
累计折旧	589 983.00	负债合计	623 092.00
固定资产净值	537 950.00	所有者权益：	
固定资产减值准备	2 243.19	实收资本（或股本）	165 505.00
固定资产净额	535 706.00	资本公积	233 941.00
在建工程	184 865.00	专项储备	25 308.40
工程物资	1 165.45	盈余公积	74 139.60
无形资产	131 217.00	未分配利润	222 826.00
递延所得税资产	13 004.30	归属于母公司股东权益合计	721 720.00
非流动资产合计	944 620.00	少数股东权益	49 978.40
资产总计	1 394 790.00	所有者权益（或股东权益）合计	771 698.00
		负债和所有者权益（或股东权益）总计	1 394 790.00

2. 利润表

利润表是反映某一期间经营成果的报表，属于动态报表，见表1-2。

表1-2 W股份有限公司利润表

编制单位：W股份有限公司　　　2013年12月31日　　　单位：万元

项目	金额
一、营业总收入	578 369.00
营业收入	578 369.00
二、营业总成本	534 673.00
营业成本	378 417.00
营业税金及附加	30 592.80
销售费用	8 967.83
管理费用	98 290.60
财务费用	17 344.00
资产减值损失	1 060.04
投资收益	-670.83
其中：对联营企业和合营企业的投资收益	-1 284.45
三、营业利润	43 025.20
营业外收入	2 248.58
营业外支出	1 117.77
非流动资产处置损失	431.42
四、利润总额	44 156.00
所得税费用	12 831.60
五、净利润	31 324.40
归属于母公司所有者的净利润	47 978.90
少数股东损益	-16 654.50
六、每股收益	
（一）基本每股收益	0.29
（二）稀释每股收益	0.29
七、综合收益总额	31 324.40
归属于母公司所有者的综合收益总额	47 978.90
归属于少数股东的综合收益总额	-16 654.50

3. 现金流量表

现金流量表是反映企业一定会计期间的现金和现金等价物流入和流出的会计报表，属于动态报表，见表1-3。

在现金流量表中，现金流量通常按照企业经营业务的性质被分为三类：经营活动的现金流量、投资活动的现金流量和筹资活动的现金流量。

(1) 经营活动产生的现金流量

经营活动产生的现金流量是指企业投资活动和筹资活动以外的所有交易和事项所产生的现金流量。主要有：销售商品、提供劳务收到的现金；收到的税费返还；购买商品、接受劳务支付的现金；支付给职工以及为职工支付的现金；支付的各项税费；收到（或支付）的其他与经营活动有关的现金。

(2) 投资活动产生的现金流量

投资活动产生的现金流量是指企业长期资产的购建（如固定资产、无形资产及其他长期资产项目）和不包括在现金等价物范围的投资及其处置所产生的现金流量。主要有：收回投资收到的现金；取得投资收益收到的现金；处置长期资产收回的现金净额；处置子公司及其他营业单位收到的现金净额；购建长期资产支付的现金；投资支付的现金；取得子公司及其他营业单位支付的现金净额；收到（或支付）其他与投资活动有关的现金等。

(3) 筹资活动产生的现金流量

筹资活动产生的现金流量是指导致企业资本及债务规模和构成发生变化的活动产生的现金流量。主要包括：吸收投资收到的现金；取得借款收到的现金；偿还债务所支付的现金；分配股利、利润或偿付利息支付的现金；收到（或支付）其他与投资活动有关的现金。

现金流量表应当提供有关企业经营活动、投资活动和筹资活动对现金流量的影响的信息。具体包括六个组成部分：经营活动产生的现金流量；投资活动产生的现金流量；筹资活动产生的现金流量；汇率变动对现金及现金等价物的影响；现金及现金等价物净增加额；期末现金及现金等价物余额。见表1-3。

表1-3 同仁堂现金流量表

编制单位：同仁堂　　　　　2013年12月31日　　　　　　　　　单位：元

项目	金额
一、经营活动产生的现金流量：	
销售商品、提供劳务收到的现金	8 852 460 000
收到的税费返还	2 721 490
收到的其他与经营活动有关的现金	125 314 000

续表

项目	金额
经营活动现金流入小计	8 980 490 000
购买商品、接受劳务支付的现金	4 852 630 000
支付给职工以及为职工支付的现金	1 341 140 000
支付的各项税费	917 090 000
支付的其他与经营活动有关的现金	1 193 240 000
经营活动现金流出小计	8 304 090 000
经营活动产生的现金流量净额	676 399 000
二、投资活动产生的现金流量：	
收回投资所收到的现金	547 916
取得投资收益所收到的现金	2 543 860
处置固定资产、无形资产和其他长期资产所收回的现金净额	2 557 380
收到的其他与投资活动有关的现金	74 648 800
投资活动现金流入小计	80 297 900
购建固定资产、无形资产和其他长期资产所支付的现金	427 303 000
投资所支付的现金	52 082 900
取得子公司及其他营业单位支付的现金净额	31 111 100
支付的其他与投资活动有关的现金	1 234 340
投资活动现金流出小计	511 732 000
投资活动产生的现金流量净额	-431 434 000
三、筹资活动产生的现金流量：	
吸收投资收到的现金	1 500 300 000
其中：子公司吸收少数股东投资收到的现金	1 500 300 000
取得借款收到的现金	506 830 000
收到其他与筹资活动有关的现金	5 000 000
筹资活动现金流入小计	2 012 130 000
偿还债务支付的现金	437 000 000
分配股利、利润或偿付利息所支付的现金	498 026 000
其中：子公司支付给少数股东的股利、利润	151 754 000
支付其他与筹资活动有关的现金	42 854 800
筹资活动现金流出小计	977 881 000

续表

项目	金额
筹资活动产生的现金流量净额	1 034 250 000
四、汇率变动对现金及金等价物的影响：	
汇率变动对现金及现金等价物的影响	-32 084 700
五、现金及现金等价物净增加额：	
现金及现金等价物净增加额	1 247 130 000
期初现金及现金等价物余额	3 640 930 000
期末现金及现金等价物余额	4 888 060 000
补充资料：	
1.将净利润调节为经营活动的现金流量	
净利润	1 066 700 000
资产减值准备	3 211 660
固定资产折旧、油气资产折耗、生产性物资折旧	101 956 000
无形资产摊销	8 932 440
长期待摊费用摊销	32 321 200
处置固定资产、无形资产和其他长期资产的损失	-426 171
固定资产报废损失	1 521 660
财务费用	8 588 670
投资损失	-3 884 730
递延所得税资产减少	-2 122 440
递延所得税负债增加	-6 362 870
存货的减少	-366 036 000
经营性应收项目的减少	-42 255 300
经营性应付项目的增加	-125 746 000
经营活动产生的现金流量净额	676 399 000
2.不涉及现金收支的重大投资和筹资活动	
债务转为资本	157 927 000
3.现金及现金等价物净变动	
现金的期末余额	4 888 060 000
现金的期初余额	3 640 930 000
现金及现金等价物的净增加额	1 247 130 000

4. 股东权益变动表

股东权益变动表是反映企业构成所有者权益的各个组成部分当期的增减变动情况的会计报表，见表 1-4。

表 1-4 同仁堂股东权益变动表

编制单位：同仁堂　　　　　　2013 年 12 月 31 日　　　　　　单位：元

项目	金额
期初数（股本）	1 302 070 000
本期增加（股本）	9 031 610
本期减少（股本）	
期末数（股本）	1 311 100 000
变动原因（股本）	
期初数（资本公积）	380 899 000
本期增加（资本公积）	703 734 000
本期减少（资本公积）	
期末数（资本公积）	1 084 630 000
变动原因（资本公积）	
期初数（盈余公积）	375 435 000
本期增加（盈余公积）	44 971 000
本期减少（盈余公积）	
期末数（盈余公积）	420 406 000
变动原因（盈余公积）	
期初数（法定公益金）	
本期增加（法定公益金）	
本期减少（法定公益金）	
期末数（法定公益金）	
变动原因（法定公益金）	
期初数（未分配利润）	1 955 090 000
本期增加（未分配利润）	656 014 000
本期减少（未分配利润）	370 630 000
期末数（未分配利润）	2 240 470 000
变动原因（未分配利润）	
期初数（股东权益合计）	3 979 630 000

续表

项目	金额
本期增加（股东权益合计）	1 368 780 000
本期减少（股东权益合计）	330 441 000
期末数（股东权益合计）	5 017 970 000

5. 报表附注

报表附注是指对会计报表中列示的项目所做的进一步说明，以及对未能在这些报表中列示的项目的说明等。

报表附注（简例）

一、公司（单位）简介

长江股份有限公司系经山东省工商行政管理局批准，于2010年01月01日取得注册号370705639548782号企业法人营业执照。本单位注册资本1 000万元，法人代表鞠江。本单位经营场所：山东省青岛市大连路888号。

本公司经营范围：（涉及许可经营的须凭许可证或批准文件经营）。

二、会计政策和相关说明

1. 会计政策

本单位执行《企业会计制度》和《企业会计准则》及其补充规定。

2. 会计年度

自公历1月1日起至12月31日止。

3. 计账原则和记账基础

本单位会计核算采用权责发生制原则和借贷记账法进行核算，资产计价以历史成本为计价基础。

4. 记账本位币

以人民币为记账本位币。

5. 固定资产核算方法

单位以购置成本作为固定资产原价，以直线法及分类折旧率计算固定资产折旧，固定资产的预计使用年限在国家规定的范围内规定。

6. 低值易耗品核算方法：五五摊销法

7. 存货的核算方法：月末一次加权平均法

8. 收入确认原则

单位以商品已经发出或劳务已经提供，收到贷款或取得索取贷款的凭证作为销售收入实现的依据。

三、会计报表科目附注

1. 货币资金期末余额 3 226 518.00 元，其中：

①现金 326 124 元

②银行存款 2 645 518 元

③其他货币资金 54 876 元

2. 预收账款期末余额 295 200 元，其中主要是：

通达企业 295 200 元

3. 其他应收款期末余额 50 675 元，其中主要应收项目有：北辰企业 50 000 元，职工孙亮 675 元。

4. 存货期末余额 215 235 元，其中：

①原材料 100 000 元

②包装物 20 000 元

③库存商品 95 235 元

5. 固定资产期末原值 2 591 510 元，其中主要类别项目资产原值如下：

①分别按房屋建筑物、机器设备、运输工具等填报

②房屋建筑物类 1 572 100 元，机器类 651 200 元，运输工具类 368 210 元

6. 在建工程期末余额 1 200 000 元，主要是支付设备工程款。

7. 长期待摊费用期末余额 132 000 元，其中主要项目如下：

①经营租入的固定资产改良支出项目 100 000 元

②其他长期待摊项目 32 000 元

8. 短期借款期末余额 1 000 000 元，其中：

中国工商银行 1 000 000 元

9. 应付账款期末余额 945 760 元，其中：

①新海公司 562 420 元

②海星公司 383 340 元

10. 其他应付款期末余额 95 300 元，其中主要项目是：

瑞达公司 95 300 元

11. 长期借款期末余额 3 200 000 元，其中主要是：

中国银行 3 200 000 元

12. 实收资本期末余额 11 000 000 元，投资人分别为：

①海泉公司 250 000 元

②光明公司 3 500 000 元

13. 资本公积期末余额 1 000 000 元，投资人如下：
①海泉公司 500 000 元
②光明公司 500 000 元
14. 盈余公积期末余额 120 000 元，其中：
①提取法定盈余公积业务形成 100 000 元
②提取任意盈余公司业务形成 20 000 元
15. 未分配利润期末余额 1 120 000 元

四、承诺事项

1. 报告期内的所有经济业务和交易事项均已入账，并已经按《企业会计准则》和《企业会计制度》的规定进行分类核算和编制会计报表。财务会计资料真实、齐全。

2. 报告期内所有事项的分类和金额，无蓄意歪曲或虚饰的情形，无违法、违纪和舞弊现象。

3. 报告期内的所有经济业务，无不确定事项。

（二）按会计报表列报时间不同，分为年度报表和中期报表

年度报表是按年编制的报表，年度报表要求揭示完整、反映全面；月度报表是按月编制的报表，要求简明扼要、及时编报；季度报表和半年度报表的详细程度介于年度报表与月度报表之间。

中期报表是以短于一个完整会计年度的报告期间为基础编制的报表，主要包括月度报表、季度报表（表1-5）和半年度报表。

表 1-5 季度报表举例

报表日期	2013-12-31	2013-9-30	2013-6-30	2013-3-31
流动资产				
货币资金	1 958 010.00	1 419 800.00	1 481 800.00	1 477 690.00
交易性金融资产	5 107.75	27 550.40	26 738.00	13 244.90
应收票据	1 412 700.00	1 664 540.00	1 735 900.00	1 067 230.00
应收账款	444 053.00	775 351.00	613 204.00	833 935.00
预付款项	40 548.10	49 098.40	42 820.10	51 280.00
应收利息	1 543.90	77.11	76.20	68.43
应收股利	304.00	304.00	1 061.50	7 054.00
其他应收款	38 247.70	58 744.30	45 932.40	53 960.20
存货	857 326.00	820 196.00	808 776.00	858 075.00
其他流动资产	47 181.80	30 978.60	60 867.60	44 130.80

续表

报表日期	2013-12-31	2013-9-30	2013-6-30	2013-3-31
流动资产合计	4 805 020.00	4 846 640.00	4 817 180.00	4 406 660.00
非流动资产				
可供出售金融资产	29 460.20	21 200.00	20 400.00	25 160.00
长期应收款		118.40		
长期股权投资	778 923.00	787 371.00	767 287.00	487 642.00
投资性房地产	54 739.70	35 721.80	32 204.10	32 601.80
固定资产原值	2 125 420.00		1 956 340.00	
累计折旧	803 985.00		723 507.00	
固定资产净值	1 321 430.00		1 232 830.00	
固定资产减值准备	6 514.58		3 537.53	
固定资产净额	1 314 920.00	1 232 250.00	1 229 290.00	1 170 290.00
在建工程	328 409.00	414 382.00	423 793.00	512 435.00
工程物资	1.69	50.32	0.18	95.69
固定资产清理	126.71	168.25	255.00	308.54
无形资产	227 343.00	227 374.00	227 546.00	222 962.00
开发支出	49 741.90	44 587.60	42 568.20	41 998.00
商誉	143 085.00	141 806.00	139 210.00	138 904.00
长期待摊费用	15 877.90	14 992.00	15 675.50	15 774.00
递延所得税资产	78 553.50	72 134.00	72 692.90	75 788.80
其他非流动资产	25 980.80	2.35	2.36	2.39
非流动资产合计	3 047 160.00	2 992 150.00	2 970 930.00	2 723 970.00
资产总计	7 852 180.00	7 838 790.00	7 788 110.00	7 130 630.00
流动负债				
短期借款	124 557.00	160 761.00	145 050.00	245 300.00
应付票据	668 715.00	633 402.00	621 935.00	565 736.00
应付账款	1 347 270.00	1 413 000.00	1 531 210.00	1 255 980.00
预收款项	121 126.00	133 305.00	120 950.00	112 537.00
应付职工薪酬	117 531.00	92 938.80	97 063.50	93 912.90
应交税费	55 202.40	50 185.20	28 296.30	52 872.10
应付利息	13 209.00	12 467.80	16 412.70	12 877.90

续表

报表日期	2013-12-31	2013-9-30	2013-6-30	2013-3-31
应付股利	4 310.12	617.41	46 601.50	3 186.85
其他应付款	339 846.00	382 814.00	328 000.00	315 525.00
一年内到期的非流动负债	35 237.60	86.09	26 107.30	31 136.90
其他流动负债	102 831.00	93 965.50	96 505.60	88 758.00
流动负债合计	2 929 830.00	2 973 550.00	3 058 130.00	2 777 820.00
非流动负债				
长期借款	914 604.00	913 392.00	861 856.00	627 970.00
应付债券	349 386.00	349 195.00	349 269.00	309 201.00
长期应付款	884.75	550.00	550.00	550.00
专项应付款	5 300.00	5 300.00	5 300.00	4 300.00
预计非流动负债				11.64
递延所得税负债	14 612.00	15 442.90	18 879.90	14 170.10
其他非流动负债	144 182.00	188 295.00	177 700.00	180 714.00
非流动负债合计	1 489 620.00	1 472 170.00	1 413 560.00	1 136 920.00
负债合计	4 419 450.00	4 445 720.00	4 471 680.00	3 914 740.00
所有者权益				
实收资本（或股本）	199 931.00	199 931.00	199 931.00	199 931.00
资本公积	70 397.00	81 395.50	80 719.60	82 106.30
专项储备	3 560.59	3 336.17	3 194.00	2 741.22
盈余公积	268 322.00	230 013.00	230 013.00	230 013.00
未分配利润	2 226 450.00	2 198 270.00	2 136 270.00	2 055 100.00
外币报表折算差额	3 652.77	-1 784.39	-7 344.03	-11 850.10
归属于母公司股东权益合计	2 772 320.00	2 711 160.00	2 642 790.00	2 558 040.00
少数股东权益	660 414.00	681 914.00	673 640.00	657 855.00
所有者权益（或股东权益）合计	3 432 730.00	3 393 070.00	3 316 430.00	3 215 890.00
负债和所有者权益（或股东权益）总计	7 852 180.00	7 838 790.00	7 788 110.00	7 130 630.00

（三）按照会计报表的编制单位不同，分为个别报表和合并报表

个别报表是指企业在自身会计核算基础上对账簿记录进行加工编制的会计报表，反应企业自身的财务状况、经营成果和现金流量情况。

合并报表是以母公司和子公司组成的企业集团为会计主体，根据母子公司的会计报表，由母公司编制的综合反映企业集团财务状况、经营成果和现金流量情况的会计报表。当某公司对另一公司的投资占被投资单位注册资本的50%以上，或虽然占其注册资本不足50%、但具有实质控制权，形成母子公司关系时，母公司应当编制反映包括母子公司在内的企业集团情况的合并会计报表。

（四）按照会计报表所服务的对象不同，分为对外报表和对内报表

对外报表一般是按照企业会计准则所规定的格式和编制要求编制的公开报告的会计报表；对内报表则是根据企业内部管理需要而编制的会计报表，一般不需要对外报告，没有统一的编制要求与格式。

任务1-2 会计报表编制原则

企业编制会计报表，应在报表的显著位置至少披露以下内容：编制企业的名称；资产负债表日或会计报表涵盖的会计期间；人民币金额单位；会计报表是合并报表的应当予以表明。为了使会计报表能够最大限度地满足有关方面的需要，充分发挥会计报表的作用，企业会计准则规定，企业在编制会计报表时应遵循如下基本原则。

一、持续经营

企业应当以持续经营为基础，根据实际发生的交易和事项，按照企业会计准则的规定进行确认和计量，在此基础上编制会计报表，不应以附注披露代替确认和计量。

企业管理当局应对企业持续经营能力进行评价，如果某些重大不确定因素可能导致对企业持续经营产生重大怀疑，应在附注中对不确定因素充分加以披露。如果企业处于非持续经营状态，应当采用其他基础编制会计报表，并在附注中披露事实，说明原因。

二、一致性

会计报表项目的列报，应当在各个会计期间之间保持一致，不得随意变更。但下列情况例外：（1）企业会计准则要求改变会计报表项目的列报；（2）企业经营业务的性质发生了重大变化后，变更会计报表项目的列报能够提供更可靠、更相关的会计信息。

三、重要性

会计报表某项目的省略或错报会影响使用者据此做出经济决策的，则该项目就具有重要性。重要性应该根据企业所处的环境，从项目的性质到金额大小方面予以判断。性质或功能不同的项目，应该在会计报表中单独列报，但不具有重要性的项目除外；性质或功能相似的项目，其所属类别具有重要性的，应当按其类别在会计报表中单独列报。

四、抵消原则

会计报表中的资产项目的金额、收入项目和费用项目的金额必须单独列报，不得相互抵消。原因在于：单独列报资产和负债、收入和费用项目，便于使用者理解已发生的交易、其他事项的情况，以及评估未来的现金流量。

对资产计提减值准备，表明资产的价值已经发生减损，因此，资产项目按减值准备后的金额列示，能够反映资产给企业带来的经济利益，不属于抵消。例如，资产负债表中，长期股权投资项目按长期股权投资金额扣除长期股权投资减值准备金额的净额列示；存货项目按各种存货金额合计数扣除存货跌价准备金额的净额列示。

非日常活动中产生的损益，以收入扣除费用后的净额列示，也不属于抵消。例如，非流动资产处置产生的利得和损失等。

如果某一项目非常重要，则应在资产负债表中单独列示。

五、可比性

当会计报表的列报，至少应当提供所有列报项目上期可比会计期间的比较数据，以及与理解当期会计报表相关的说明，但其他会计准则另有规定的除外。

会计报表项目的列报发生变更的，应当对上期比较数据按照当期的列报要求进行调整，并在附注中披露调整的原因和性质，以及调整的各项目的金额。对上期比较数据进行调整不切实可行的，应在附注中披露不能调整的原因。不切实可行，是指企业在做出所有合理努力后仍然无法采用某项规定。

项目 2
会计报表分析方法

▶ 任务 2-1　会计报表分析的意义

一、会计报表分析的概念

日常的会计核算,是通过账簿的形式将企业的经济活动和财务收支序时的、连续的、系统的记录和归集,同时,为了能直观地反映企业的经济活动和财务收支,又以特定的表格及附注的形式将这些分散于账户中的资料加以全面地、综合地反映,从而形成总括反映企业某一特定日期财务状况和某一会计期间经营成果、现金流量的会计报表。

会计核算的过程就好比产品的生产过程,而会计报表就是会计核算的最终产品。然而,会计报表只是根据全体使用人的一般要求提供通用的数据和有关指标,不能直接、充分、有效地提供关于企业偿债能力、盈利能力、资产周转状况等指标,也不能满足各特定报告使用者的特定要求,为此还需要人们根据一定的标准,运用适当的方法对其所提供的各项有关会计数据进行一系列的加工、整理、对比、分析及评价,从而形成对会计报表使用者有用的信息。分析者以企业的基本活动为对象,以会计报表和其他资料为依据和起点,采用专门方法,系统分析和评价企业过去和现在的财务状况、经营成果及其变动,目的是了解过去、评价现在、预测未来,帮助会计报表使用者有效地进行相应的财务决策,这一过程就称为会计报表分析。

二、会计报表分析的意义

现代企业制度下,企业所有权和经营权分离。投资者拥有企业的所有权,对企业的收益拥有分配权,但一般不直接参与企业的经营管理;企业管理者以取得报酬的形式接受投资者的委托,拥有企业的经营权,直接参与企业的经营管理,同时受到投资者的约束;债权人不能直接参与企业的经营管理,只拥有按期收回其借款本金和利息的权利;政府有关部门为了保证整个经济的正常运转而对企业进行间接调控;业务关联企业需要充分了解其合作者的经营情况和信誉,对是否继续合作作出决策。投资者、经营者、债权人、政府有关部门、业务关联企业等财务信息的需求者，构成了会计报表分析的主体，根据不同的主体，可将会计报表分析的目的概括为如下几个方面。

（一）投资者

投资者（股东）对企业的财产拥有所有权，同时也是企业风险的最终承担者。投资者与企业经营者之间是委托与受托的委托代理关系，投资人将资本委托给经营者进行经营，一般不直接参与企业的经营管理活动，所以，投资者主要关注投资的内在风险和投资报酬，关心其资本的保值、增值状况，关心企业的投资回报率，以企业的盈利能力为分析的基本目标，通过对企业的盈利能力的分析，对发展前景良好的企业保持或追加投资，反之则收回或减少投资。

通常，小股东较关心企业的股息、红利的发放水平，而对企业具有控制权的投资者，除了关注企业的盈利能力之外，考虑更多的是如何扩大企业的经营规模、增强企业竞争实力、扩大市场占有率、避免或降低财务风险，并通过税收筹划来减少纳税支出，以达到企业长期地、持续地、稳步地增长。因此，对这类的投资者而言，企业的财务状况的分析是当务之急。

（二）管理者

企业经营的基本动机是追求利润最大化，盈利能力分析是企业经营管理者分析的终极目标。企业的经营管理者最为关注的是企业财务状况的好坏、经营业绩的大小以及现金的流动情况。同时，企业经营管理者还要顾及不同利益主体的需求，协调各方面的利益关系，所以必须据其所掌握的各种对内、对外的会计报表，全面分析企业经营理财的各方面，系统掌握企业的营运能力或资产周转状况、偿债能力、盈利能力、对社会的贡献能力，及时发现企业经营管理中存在的问题、预测企业发展的前景，以便采取相应对策保证经济效益持续稳定地增长。

会计报表反映了企业经营业绩，企业经营管理者通过将本期报表资料与计划对比，可以了解计划的完成情况；通过将本期资料与历史资料对比，可以分析企业经营发展的趋势与速度。通过对会计报表进行分析，可以为企业经营管理者进一步改善财务状况、扩大财务成果、增加现金流量提供帮助。

（三）债权人

通常，债权人只是按照他所提供的贷款取得固定的利息收益并到期收回本金，而不能参与企业的剩余收益分配，也不对企业承担终极风险，所以，债权人首先关心的是其资金的安全性（是否能如期收回本息）。债权人是否向企业提供信贷资金，主要取决于企业的偿债能力。企业资产的流动性越大、支付能力越强，企业就越容易取得债务，或越容易以较低的成本举借债务；反之，其筹资成本就越高，甚至不能及时足额地筹集到其所需的资金。作为债权人来说，向企业提供信贷的规模、时间及利率，主要根据企业偿债能力来决定，包括短期偿债能力和长期偿债能力，所以，债权人进行财务分析的主要目标是评估企业的长短期能力，其分析的重点在于企业的负债结构及债务的物质保证情况。另外，虽然企业的偿债能力受到其营运能力、盈利能力的影响，对企业营运能力及盈利能力的分析也不可忽视，但是，短期债权人和长期债权人关注的重点还是有所区别的。其中，由于短期借款需以企业的流动资产来偿还，所以短期债权人更关心企业财务的流动性，更重视对企业短期财务状况和短期偿债能力的分析；而长期借款要求企业在多个会计年度偿还，所以长期债权人要根据企业的现状来预测企业未来的经营前景和偿付能力，因此，更注重企业的营运能力、盈利能力分析。

（四）政府有关部门

政府及相关机构主要包括财务部门、税务部门及综合统计部门，通过财务分析，可以了解企业投资所产生的经济效益和社会效益，了解企业的资金使用效率，检查企业是否存在偷税漏税等违法违纪行为，以维护正常的市场秩序、杜绝虚假列报应纳税所得额、增加财政收入，实现经济的宏观调控目标。了解有关国民经济全局及地区、行业动态，以制定和调整宏观经济运行政策，确定国民经济计划，并采取相应的宏观调控措施，以保证国民经济能够有序运行并符合产业政策的需要。

▶ 任务 2-2　会计报表分析方法

一、会计报表分析的内容

虽然不同分析主体进行分析的目的不同，而决定了他们对企业进行财务分析时有着不同的侧重点，但是，他们的分析也有共同的要求。在此，可将会计报表分析的基本内容归纳为以下几个方面：

（1）基本财务情况分析；

（2）短期偿债能力分析；

（3）长期偿债能力分析；

（4）资产运用效率分析；

（5）盈利能力分析。

长短期偿债能力是企业财务目标得以实现的有力保证，资产运用效率是财务目标实现的基础，两者的共同作用直接影响了盈利能力的大小，而投资报酬又取决于企业盈利能力的大小。

不同的分析者为了各自不同的分析目的、运用不同的分析资料进行财务分析，应采取不同的分析方法。一般来说,没有唯一的、固定不定的、千篇一律的分析程序和方法。我们可以把会计报表分析的一般步骤归纳为:

(1) 确定分析目的;
(2) 制定分析方案;
(3) 收集分析所需的相关信息、资料;
(4) 根据分析目的、按分析的需要将整体分解为各个部分;
(5) 了解、研究各个部分的特殊本质;
(6) 研究各个部分之间的联系;
(7) 得出分析结论,撰写分析报告。

二、会计报表分析的方法

根据不同的资料和不同的要求,可采用不同的分析方法。财务报告的分析方法主要有比较分析法、比率分析法、趋势分析法等。

(一)比较分析法

比较分析法是通过两个或两个以上相关经济指标的对比,确定指标间的差异,并进行差异分析或趋势分析的方法。它是最基本、最主要的分析方法之一。通过比较分析,能够发现差异,确定差异的方向、性质和大小,并通过分析产生差异的原因及其对差异的影响程度,以便进一步改善公司的经营管理;还可将实际达到的结果与不同时期会计报表中同类指标历史数据相比较,确定企业的财务状况、经营成果和现金流量的变化趋势和变化规律,揭示企业的发展潜力。为企业的财务决策提供依据。

在实际操作中,应根据分析者的分析目的和分析对象来决定需要哪些指标、多少指标及采用哪种比较形式。如果是要检查计划或定额的完成情况,可将本企业本期实际指标计划或定额指标相比较;如果要考察企业经济活动的变动情况和变化趋势,可将本企业本期实际指标与以前各期(上期、上年、同期或者历史最好水平等)同类指标进行比较。

对表 2-1 至表 2-3 中的数据进行比较分析,看能得出哪些结论。

表 2-1 青岛海尔利润表

单位:万元

报表日期	2013-12-31	2012-12-31	2011-12-31
一、营业总收入	28 379 700	25 026 000	20 819 700
营业收入	28 379 700	25 026 000	20 819 700
二、营业总成本	21 430 600	18 369 900	14 294 500

续表

报表日期	2013-12-31	2012-12-31	2011-12-31
营业成本	18 771 300	16 021 400	12 264 900
营业税金及附加	484 500	476 300	434 800
销售费用	103 100	86 700	112 900
管理费用	1 812 800	1 560 000	1 228 100
财务费用	210 100	214 200	237 200
资产减值损失	48 800	11 300	16 600
公允价值变动收益	-15 600	-1 400	11 400
投资收益	82 000	53 400	40 900
其中：对联营企业和合营企业的投资收益	59 500	44 800	28 600
三、营业利润	7 015 500	6 708 100	6 577 500
营业外收入	55 600	82 900	39 200
营业外支出	94 300	66 200	107 400
非流动资产处置损失	57 900	19 700	17 400
利润总额	6 976 800	6 724 800	6 509 300
所得税费用	1 406 100	1 154 100	1 358 600
四、净利润	5 570 700	5 570 700	5 150 700
归属于母公司所有者的净利润	4 567 800	4 766 100	4 482 200
少数股东损益	1 002 900	804 600	668 500
五、每股收益			
基本每股收益	2.30（元）	2.40（元）	2.25（元）
稀释每股收益	2.30（元）	2.40（元）	2.25（元）
六、其他综合收益	-80 200	8 000	-6 100
七、综合收益总额	5 490 500	5 578 700	5 144 600
归属于母公司所有者的综合收益总额	4 489 200	4 773 500	4 476 800
归属于少数股东的综合收益总额	1 001 300	805 200	667 800

如果想要确定本企业在国内外同行业中所处的水平，可采用本企业实际指标与国内外同行业进行指标或者同行平均指标相比较。

表2-2 同行业企业指标对比表

代码	简称	销售毛利率(%)	排名	销售净利率(%)	排名	净资产收益率(%)	排名	每股收益（元）
000651	格力电器	35.53	36	9.98	47	25.91	3	3.27
000333	美的集团	25.30	77	8.20	57	25.35	4	2.12
600690	青岛海尔	25.57	76	5.98	82	24.01	6	1.50
601877	正泰电器	32.11	47	14.16	23	23.34	7	1.31
002508	老板电器	55.92	4	13.87	26	16.08	10	1.08
002706	良信电器	36.34	32	12.79	30	10.38	25	0.99
300403	地尔汉宇	36.37	31	19.66	11	19.43	9	0.95
000418	小天鹅A	26.11	75	6.61	73	12.53	20	0.81
603366	日出东方	35.87	33	13.90	25	8.20	48	0.73
603988	中电电机	37.76	27	16.77	19	13.82	16	0.71
000049	德赛电池	11.03	155	3.72	112	24.40	5	0.70
300376	易事特	25.29	78	10.16	46	12.71	19	0.70
300407	凯发电气	50.34	8	18.94	12	10.49	24	0.69
600522	中天科技	19.10	12	7.98	58	8.95	38	0.69
300342	天银机电	34.94	39	22.37	6	9.04	36	0.68
600885	宏发股份	34.60	40	11.17	39	14.92	12	0.66
002056	横店东磁	24.96	80	9.78	48	8.57	44	0.64
600487	亨通光电	20.00	11	3.52	11	6.93	59	0.64

表2-3 行业平均指标对比表

青岛海尔	25.57	76	5.98	82	24.01	6	1.50	3
行业平均	26.51		6.83		6.72		0.28	
该股相对平均值(%)	-3.55		-12.45		257.29		435.71	

注意：在授课过程中，建议将班级划分为若干小组，对本项任务小组内部先讨论，最后小组之间以PPT的形式汇报讨论结果。

（二）比率分析法

比率分析法是通过财务相对数指标的比较，对企业的经济活动变动程度进行分析和考察，借以评价企业的财务状况和经营成果的方法。

比率分析法在财务报告分析中有着十分重要的地位，它也是比较分析法的一种形式。比率分析法不是有关指标简单、直接的比较，而是将相关联的不同项目、指标相除，以揭示有关项目之间的关系，或变化不可比指标为可比指标，或产生更多的新的、更安全、更有用的信息。

不同的比率指标的计算方法各不相同，通过对计算出来的各种比率进行分析，其分析的目的以及所起的作用也各不相同。根据不同的分析目标和用途，可将财务比率分为两类：

（1）相关比率是两个相互联系的不同性质的指标相除所得的比率。

常用的相关比率有：反映企业营运能力的存货周转率、资产利润率；反映偿债能力的流动比率、速动比率等。通过相关比率分析，可以了解企业资产的周转状况是否正常、分析企业投入资本的盈利状况、考察企业偿付流动负债和长期负债能力，使会计报表分析更加全面、深刻。见表2-4至表2-6。

表2-4　W文化2011—2013年流动比率

单位：元

年份 指标	2013年	2012年	2011年
流动资产	12 140 800	11 136 000	10 793 700
流动负债	13 150 900	10 555 700	8 754 900
流动比率	0.923 2	1.055	1.232 9

表2-5　W文化2011—2013年的存货周转率

单位：元

年份 指标	2013年	2012年	2011年
销售成本	18 771 253	16 021 398	12 264 895
期初存货成本	1 517 100	1 262 800	1 116 700
期末存货成本	1 764 100	1 517 100	1 262 800
平均存货成本	1 640 600	1 389 950	1 189 750
存货周转率	11.441 7	11.526 6	10.308 8

表 2-6 W 文化 2011—2013 年的主营业务利润率

单位：元

指标 \ 年份	2013 年	2012 年	2011 年
主营业务利润	9 123 904	8 528 311	8 119 996
主营业务收入	28 379 700	25 026 000	20 819 700
主营业务利润率（%）	32.15	34.08	39.00

（2）构成比率（或结构比率）是某项财务分析指标的各组成部分占总体数值的百分比，反映部分与总体之间的关系。

对表 2-7 进行构成比率分析，看能得出哪些结论？

表 2-7 构成化率分析

\multicolumn{5}{c}{2013 年度}
	主营收入（万元）	占年度比重（%）	净利润（万元）	占年度比重（%）
一季度	2 054 849.20	23.76	72 121.75	17.30
二季度	2 250 775.10	26.02	141 164.26	33.87
三季度	2 359 635.55	27.28	132 796.74	31.86
四季度	1 983 512.50	22.93	70 732.54	16.97
\multicolumn{5}{c}{2012 年度}
	主营收入（万元）	占年度比重（%）	净利润（万元）	占年度比重（%）
一季度	1 868 857.71	23.40	62 080.46	18.99
二季度	2 178 111.64	27.28	123 148.52	37.67
三季度	2 015 749.16	25.24	90 927.24	27.81
四季度	1 922 941.26	24.08	50 789.72	15.53

（三）趋势分析法

根据企业连续几年或几个时期的分析资料，运用指数或完成率的计算，确定分析期各有关项目的变动情况和趋势的一种财务分析方法。

趋势分析法既可用于对会计报表的整体分析，即研究一定时期报表各项目的变动趋势，也可用于对某些主要指标的发展趋势进行分析。趋势分析法的一般步骤是：

（1）计算趋势比率或指数。通常指数的计算有两种方法，一是定基指数，二是环比指数。定基指数就是各个时期的指数都是以某一固定时期为基期来计算的。环比指数则是各个时期的指数以前一期为基期来计算的。趋势分析法通常采用定基指数。

（2）根据指数计算结果，评价与判断企业各项指标的变动趋势及其合理性。

（3）预测未来的发展趋势。根据企业以前各期的变动情况，研究其变动趋势或规律，从而可预测出企业未来发展变动情况。

请各教学小组用趋势分析法对图 2-1 所涉及的内容按步骤进行讨论，看看能得出哪些结论。

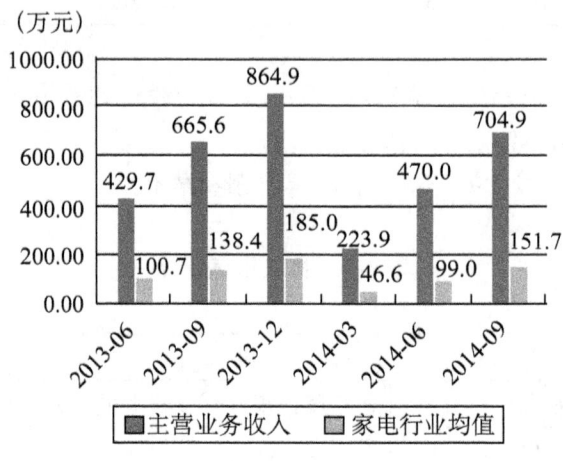

图 2-1　某企业主营业务收入变动情况

课后任务

1. 经理给你下达了一个任务：用比较的方法，分析近几年公司资产负债表并形成分析结论。

表 2-8　W 煤业资产负债表

单位：元

报表日期	2013-12-31	2012-12-31	2011-12-31
流动资产			
货币资金	4 627 200.00	6 168 100.00	6 906 000.00
交易性金融资产	49 500.00	71 900.00	93 300.00
应收票据	517 800.00	90 800.00	97 300.00
应收账款	2 204 300.00	1 912 000.00	1 239 200.00
预付款项	449 400.00	302 400.00	225 600.00
其他应收款	315 600.00	357 600.00	297 100.00
存货	1 764 100.00	1 517 100.00	1 262 800.00

续表

报表日期	2013-12-31	2012-12-31	2011-12-31
其他流动资产	2 212 900.00	716 100.00	672 400.00
流动资产合计	12 140 800.00	11 136 000.00	10 793 700.00
非流动资产			
长期股权投资	583 500.00	557 900.00	383 300.00
固定资产原值	36 211 000.00	31 923 600.00	28 531 000.00
累计折旧	12 025 600.00	10 312 200.00	8 565 200.00
固定资产净值	24 185 400.00	21 611 400.00	19 965 800.00
固定资产减值准备	143 600.00	127 800.00	129 800.00
固定资产净额	24 041 800.00	21 483 600.00	19 836 000.00
在建工程	7 457 700.00	6 052 300.00	3 362 900.00
工程物资	148 800.00	61 900.00	54 000.00
无形资产	3 345 000.00	3 269 800.00	3 136 500.00
长期待摊费用	330 600.00	317 500.00	293 600.00
递延所得税资产	235 000.00	226 000.00	231 900.00
其他非流动资产	2 484 200.00	2 220 600.00	1 662 900.00
非流动资产合计	38 626 600.00	34 189 600.00	28 961 100.00
资产总计	50 767 400.00	45 325 600.00	39 754 800.00
流动负债			
短期借款	2 815 500.00	2 184 400.00	501 100.00
应付票据	140 100.00	52 300.00	6 400.00
应付账款	3 639 900.00	3 054 900.00	2 360 400.00
预收款项	460 100.00	456 900.00	485 900.00
应付职工薪酬	422 200.00	390 800.00	369 500.00
应交税费	579 900.00	1 082 300.00	1 254 600.00
应付利息	41 100.00	36 700.00	25 500.00
应付股利	253 700.00	251 000.00	240 500.00
其他应付款	2 734 300.00	2 393 200.00	2 346 100.00
应付短期债券	998 200.00	0	0
一年内到期的非流动负债	1 065 900.00	653 200.00	1 164 900.00
流动负债合计	13 150 900.00	10 555 700.00	8 754 900.00
非流动负债			

续表

报表日期	2013-12-31	2012-12-31	2011-12-31
长期借款	3 708 400.00	3 962 400.00	4 401 300.00
应付债券	495 800.00	0	0
长期应付款	186 700.00	255 800.00	234 600.00
预计非流动负债	197 300.00	192 100.00	172 400.00
递延所得税负债	74 600.00	80 000.00	43 700.00
非流动负债合计	4 662 800.00	4 490 300.00	4 852 000.00
负债合计	17 813 700.00	15 046 300.00	14 606 900.00
所有者权益			
实收资本（或股本）	1 989 000.00	19 893 000.00	1 989 000.00
资本公积	7 768 600.00	8 195 900.00	8 259 800.00
专项储备	359 800.00	510 500.00	458 000.00
盈余公积	1 143 300.00	1 143 300.00	1 143 300.00
未分配利润	15 980 700.00	13 398 000.00	10 402 500.00
外币报表折算差额	−5 200.00	73 400.00	62 600.00
归属于母公司股东权益合计	27 236 200.00	25 310 100.00	22 315 200.00
少数股东权益	5 717 500.00	4 969 500.00	3 832 700.00
所有者权益（或股东权益）合计	32 953 700.00	30 279 600.00	26 147 900.00
负债和所有者权益（或股东权益）总计	50 767 400.00	45 325 600.00	39 754 800.00

2. 经理提供了近几个季度企业主营业务收入数据，见图2-2，要求你用趋势分析法对未来几个季度做出分析和预测（单位：百万元）。

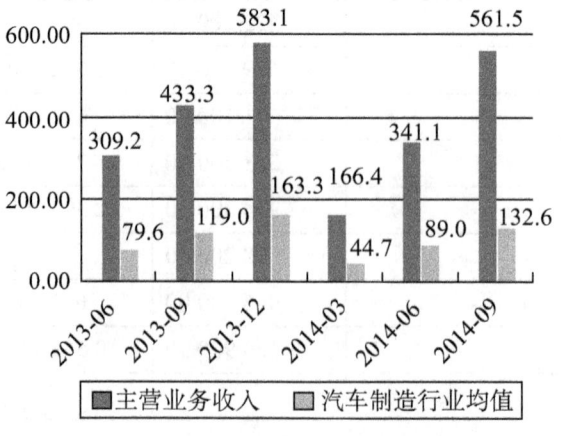

图2-2　某企业主营业务收入情况

3. 经理提供如下材料，见表 2-9 至表 2-12。

表 2-9　某企业各季度财务指标情况 1

财务指标 (%)	2014-09-30	2014-06-30	2014-03-31	2013-12-31
营业利润率	5.8013	6.5768	8.7404	10.2082
营业净利率	3.4708	4.3160	5.4718	6.0732
营业毛利率	28.9194	29.1403	31.2177	36.3124
成本费用利润率	6.0029	6.8423	9.3658	11.2836
总资产报酬率	1.3274	1.0389	0.5902	4.2778
加权净资产收益率	3.6000	2.7200	1.3500	9.2500

表 2-10　某企业各季度财务指标情况 2

财务指标（%）	2014-09-30	2014-06-30	2014-03-31	2013-12-31
营业收入增长率	-14.8400	-17.2457	-29.6682	-4.3126
总资产增长率	17.1779	12.5146	11.2878	15.1173
营业利润增长率	-50.8021	-53.7314	-60.7446	-35.6254
净利润增长率	-49.0455	-49.5291	-59.2983	-40.4305
净资产增长率	3.7737	4.5699	2.4853	6.5010

表 2-11　某企业各季度财务指标情况 3

财务指标	2014-09-30	2014-06-30	2014-03-31	2013-12-31
应收账款周转率	5.2442	3.7556	2.1214	26.5942
存货周转率	6.5223	4.0536	1.5138	12.8753
流动资产周转率	0.5860	0.4071	0.1716	1.1213
固定资产周转率	1.4556	0.9654	0.3881	2.4725
总资产周转率	0.2469	0.1670	0.0687	0.4506

表 2-12　某企业各季度财务指标情况 4

财务指标	2014-09-30	2014-06-30	2014-03-31	2013-12-31
流动比率	0.9310	1.0127	0.9862	0.9404
速动比率	0.8696	0.9313	0.8923	0.8826
资产负债比率（%）	64.0372	62.5984	61.3231	62.0102
产权比率（%）	178.0651	167.3681	158.5523	163.2283

要求：

（1）结合当前我国各行业的发展状况及国家的大政方针，对该企业所处的行业做出推断。

（2）对企业 2015 年度生产经营做出预测，并给出理由。

（3）谈谈各指标之间的内在联系。

项目 3

会计报表分析报告（简例）

一、公司简介及主要会计数据

公司简介及主要会计数据，见表 3-1、表 3-2。

表 3-1　W 股份有限公司资产负债表

单位：万元

报表日期	2013-12-31	2012-12-31	2011-12-31
流动资产			
货币资金	170 781.00	181 103.00	259 829.00
应收票据	442 102.00	215 126.00	275 921.00
应收账款	51 639.20	20 319.80	19 599.10
预付款项	26 518.00	22 828.70	15 299.40
应收利息	2 843.86	1 743.71	282.65
其他应收款	10 019.80	14 313.40	5 784.41
存货	109 818.00	81 953.80	60 278.70
其他流动资产	746.92		
流动资产合计	814 468.00	537 389.00	636 994.00
非流动资产			
长期股权投资	36 889.40	915.38	1 057.28
投资性房地产	181.07	185.83	192.38
固定资产原值	2 321 210.00	2 155 380.00	1 926 200.00
累计折旧	1 261 860.00	1 180 420.00	1 022 830.00
固定资产净值	1 059 350.00	974 962.00	903 374.00
固定资产减值准备	563.10	563.10	586.08
固定资产净额	1 058 790.00	974 399.00	902 788.00
在建工程	585 834.00	397 260.00	283 150.00

续表

报表日期	2013-12-31	2012-12-31	2011-12-31
固定资产清理	2 229.39	2 298.90	3 256.89
无形资产	81 089.30	84 943.80	71 017.50
长期待摊费用	278.04	422.97	420.00
递延所得税资产	70 614.60	88 361.10	67 595.00
非流动资产合计	1 835 910.00	1 548 790.00	1 329 480.00
资产总计	2 650 370.00	2 086 180.00	1 966 470.00
流动负债			
短期借款	70 000.00	121 000.00	26 000.00
应付票据	19 709.40	15 473.40	
应付账款	462 965.00	356 584.00	338 060.00
预收款项	40 492.40	57 740.90	116 189.00
应付职工薪酬	62 752.70	63 809.70	65 523.80
应交税费	30 196.90	60 886.30	74 782.00
应付利息	16 126.80		
其他应付款	117 308.00	112 901.00	90 902.50
一年内到期的非流动负债	52 500.00	13 500.00	64 000.00
其他流动负债	1 180.01	1 923.89	165.85
流动负债合计	873 232.00	803 820.00	775 623.00
非流动负债			
长期借款	119 300.00	108 600.00	95 100.00
应付债券	445 767.00		
其他非流动负债	5 226.64	5 291.40	1 772.38
非流动负债合计	570 294.00	113 891.00	96 872.40
负债合计	1 443 530.00	917 711.00	872 496.00
所有者权益			
实收资本（或股本）	236 117.00	236 117.00	236 117.00
资本公积	272 057.00	272 057.00	262 243.00
专项储备	3 878.05	7 394.58	9 641.04
盈余公积	158 300.00	150 452.00	138 999.00
未分配利润	474 698.00	449 634.00	396 505.00
归属于母公司股东权益合计	1 145 050.00	1 115 650.00	1 043 500.00

续表

报表日期	2013-12-31	2012-12-31	2011-12-31
少数股东权益	61 799.00	52 810.20	50 471.70
所有者权益（或股东权益）合计	1 206 850.00	1 168 460.00	1 093 980.00
负债和所有者权益（或股东权益）总计	2 650 370.00	2 086 180.00	1 966 470.00

表 3-2 W 股份有限公司利润表

单位：万元

报表日期	2013-12-31	2012-12-31	2011-12-31
一、营业总收入	1 915 200.00	2 216 940.00	2 506 860.00
营业收入	1 915 200.00	2 216 940.00	2 506 860.00
二、营业总成本	1 800 170.00	2 075 090.00	2 261 500.00
营业成本	1 519 980.00	1 789 160.00	1 986 510.00
营业税金及附加	33 686.6	36 706.30	40 865.90
销售费用	22 921.60	22 551.20	23 006.30
管理费用	206 530.00	217 191.00	207 099.00
财务费用	15 171.30	5 963.53	3 548.85
资产减值损失	1 886.06	3 519.64	475.27
投资收益	1 191.69	220.00	456.00
其中：对联营企业和合营企业的投资收益	1 181.72	220.75	412.94
三、营业利润	116 215.00	142 062.00	245 817.00
营业外收入	3 296.34	3 675.31	4 514.30
营业外支出	2 860.97	1 572.49	22 063.10
非流动资产处置损失	263.06	359.70	152.13
利润总额	116 651.00	144 165.00	228 268.00
所得税费用	42 810.60	27 131.00	50 805.00
四、净利润	73 840.20	117 034.00	177 463.00
归属于母公司所有者的净利润	66 676.30	112 144.00	184 653.00
少数股东损益	7 163.95	4 890.10	-7 190.56
五、每股收益			
基本每股收益	0.28（元）	0.48（元）	0.78（元）
稀释每股收益	0.28（元）	0.48（元）	0.78（元）

续表

报表日期	2013-12-31	2012-12-31	2011-12-31
六、其他综合收益			
七、综合收益总额	73 840.20	117 034.00	177 463.00
归属于母公司所有者的综合收益总额	66 676.30	112 144.00	184 653.00
归属于少数股东的综合收益总额	7 163.95	4 890.10	-7 190.56

二、基本财务情况分析

（一）资产状况

截至 2013 年 12 月 31 日，公司总资产 2 650 370.00 万元。

1. 资产构成

公司总资产的构成为：流动资产 814 468.00 万元，长期投资 36 889.40 万元，固定资产净值 1 059 350.00 万元，无形资产及其他资产 151 981.94 万元。主要构成内容如下：

（1）流动资产：货币资金 170 781.00 万元，应收票据 442 102.00 万元，应收账款 51 639.20 万元，预付账款 26 518.00 万元，其他应收款 10 019.80 万元。

（2）长期投资：海泉公司股权投资 30 000 万元，光明公司股权投资 6 889.40 万元。

（3）固定资产净值：机器设备净值 264 838 万元，办公楼、生产车间等房屋净值 794 512 万元。

（4）无形资产：专利权摊余净值 27 029.3 万元，非专利技术摊余净值 54 060 万元。

（5）长期待摊费用：固定资产的改良支出摊余净值 140 万元，其他待摊费用摊余净值 138.04 万元。

2. 资产质量

（1）货币性资产：由货币资金、应收账款、应收票据、预付账款、应收利息、其他应收款构成，共计 703 903.86 万元，具备良好的付现能力和偿还债务能力。

（2）长期性经营资产：由固定资产、无形资产、在建工程、投资性房地产构成，共计 1 139 879.30 万元，能提供长期的稳定的现金流。

（3）短期性经营资产：由存货构成，共计 109 818.00 万元，能在短期内转化为货币性资产并获得一定利润。

（4）保值增值性好的长期投资：由海泉公司与光明公司的股权投资构成，共计 36 889.40 万元，不仅有较好的投资回报，而且海泉公司的股权对公司的发展具有重要作用。

以上四类资产总计 1 990 490.56 万元，占总资产的 75.10%，说明公司现有的资产具有良好的质量。

（二）负债状况

截至 2013 年 12 月 31 日，公司负债总额 1 443 530.00 万元，主要构成为：短期借款（含本年到期的长期借款）122 500 万元，长期借款 119 300.00 万元，应付账款 462 965.00 万元，应交税费 30 196.90 万元。

目前贷款规模为 241 800 万元，短期借款占负债总额的 8.49%，说明短期内公司偿债压力并不大。结合公司现有 170 781.00 万元的货币资金量来看，财务风险不大。

目前公司资产负债率为 54.47%，自有资金与举债资金基本平衡。

（三）经营状况及变动原因

扣除所得税影响后，2013 年 12 月 31 日（以下简称本期）公司净利润 73 840.20 万元，与 2012 年同期比较（以下简称同比）减少了 43 193.8 万元，下降幅度为 36.91%。变动原因按利润构成的主要项目分析如下：

1. 主营业务收入

本期主营业务收入 1 000 000.00 万元，同比减少 300 000.00 万元，下降幅度为 23.08%。其主要原因为：

销售商品收入 1 000 000.00 万元，同比减少 300 000.00 万元，下降幅度为 23.08%，因此本期收入同比减少的主要原因是销售量减少。

2. 主营业务成本

本期主营业务成本 912 000.00 万元，同比减少 24 000.00 万元，下降幅度为 45%。按营业成本构成，分析如下：

销售商品成本 912 000.00 万元，同比减少 24 000.00 万元，下降幅度为 2.56%。主要原因是原材料价格的下降，去年原材料每千克 1.5 元，今年原材料每千克 1.2 元。生产成本的降低导致销售成本的下降。

通过上述分析可见，本期营业成本减少的主要原因是产品生产成本的减少。

3. 其他业务利润

本期其他业务利润 41 万元，同比增加 15 万元，增长幅度为 58%。其主要原因是：

（1）其他业务收入 915 200.00 万元，同比持平。

（2）其他业务成本 607 980.00 万元，同比减少 150 000.00 万元，下降幅度为 19.79%。原因是：原材料购入价格的下降。

4. 管理费用

本期管理费用 206 530.00 万元，同比下降 10 661.00 万元，下降幅度为 4.91%。主要原因是：

（1）企业管理人员的工资、奖金 154 897.5 万元，同比下降 8 528.80 万元。

（2）董事会经费21 512.00万元，同比下降2 132.20万元。

5. 财务费用

本期财务费用15 171.30万元，同比增加9 207.8万元，增加幅度为154.40%。原因是：贷款规模增大；本期银行贷款平均规模为100 250.00万元，去年同期为40 213.72万元，增加了60 036.30万元，增幅为149.29%。

6. 投资收益

本期投资收益1 191.69万元，同比增加971.70万元，增加幅度为441.68%。按构成内容分析如下：本期股票方面取得的收益为1 191.69万元，同比增加971.70万元。原因是：本期公司组织资金120 586.00元，申购到158万股TCL新股，获利575.86万元。

7. 营业外支出净额

本期营业外支出净额435.40万元，去年营业外支出净额为2 102.80万元，同比下降了1 667.40万元，主要因素是：本期发生自然灾害，损毁固定资产一台，账面净值1 205.00万元。

8. 经营状况综述

本期净利润同比下降幅度较大的主要原因是财务费用的大幅增加和营业外支出增加所致。从具体的分析来看：一是造成费用增加的因素在控制范围内；二是营业外支出的增加是受自然灾害的影响所致。

（1）扩大后的贷款规模，仍控制在董事会的授权范围内。随着下半年可转债的发行，公司对贷款规模的调整，财务费用会相应减少。

（2）自然灾害的发生，属不可控因素。对实现2013年经营目标有较大影响。

三、预算完成情况及分析

（一）收入收益类

本期收入、收益共计1 915 200.00万元，完成收入总预算27%。按预算项目分析如下：

（1）销售商品收入1 000 000.00万元，完成预算25%。

（2）其他业务收益915 200.00万元，完成预算57%，剔除费用支出减少因素，完成预算36%，主要原因是收入实现的期间性。

（3）海泉公司的现金股利目前尚未取得，若本年确能收到，则属于时间性差异。否则，将形成本年目标利润的缺口。

（二）成本费用类

本期成本、费用共计1 800 170.00万元，占支出总预算3%。按预算项目分析如下：

(1) 主营业务成本 912 000.00 万元,占预算 20%。

(2) 管理费用 206 530.00 万元,占预算 43%,扣除一些费用项目的期间性影响后,完成预算 24%。

①人员经费 65 632.00 万元,占预算 27%。

②办公经费 58 536.00 万元,占预算 21%。

③日常维护费 22 214.00 万元,占预算 13%。

④折旧与无形资产摊销 60 148.00 万元,占预算 25%。

(3) 财务费用(利息净支出)15 171.30 万元,占预算 33%,主要原因是资金计划中的上半年贷款规模大于下半年,使此项费用发生不均衡。

(4) 营业外支出净额 435.40 万元,占预算 5%,主要原因是列入预算事项尚未进行处理。

(三)预算分析综述

本期净利润 73 840.20 万元,完成全年预算 7%,如果对投资收益按预算平均季度收益 250 万元进行预计,本期净利润调整为 855 万元,完成预算 9.6%。从以上预算项目的分析来看,未完成预算的主要原因在于:本期利润构成中销售商品利润和投资收益与预算存在重大差距。

四、财务指标分析

(一)短期偿债能力分析

流动比率分析、速动比率分析。

(二)长期偿债能力分析

资产负债率分析、产权比率分析。

(三)资金运用效率分析

应收账款周转率分析、固定资产周转率分析、存货周转率分析。

(四)盈利能力分析

营业利润率分析、销售毛利率分析、主营业务利润率分析。

五、重要问题综述及建议

(一)营业收入下降分析

销售商品收入 1 000 000.00 万元,同比减少 300 000.00 万元,下降幅度为 23.08%,主要原因为:市场上出现了同类产品,对本企业商品的销售造成一定冲击,导致销售量的下降。

建议:公司根据目前市场行情进行专题研究,制订出应对措施。

（二）财务费用的期间性影响较大

本期财务费用 15 171.30 万元，同比增加 9 207.8 万元，增加幅度为 154.40%。原因是：贷款规模增大，本期银行贷款平均规模为 100 250.00 万元，去年同期为 40 213.72 万元，增加了 60 036.30 万元，增幅为 149.29%。

扩大贷款规模的主要原因是：公司决定进行新产品的投产，为满足建设资金的需要，公司靠增加贷款来进行资金储备。

受特定因素的影响，原计划于年初投产的产品预计延至三季度开工，按原计划所储备的资金暂时尚未投入。

目前贷款规模为 241 800 万元，其中短期借款（含本年到期的长期借款）总额为 122 500 万元，长期借款为 119 300.00 万元，短期借款占负债总额的 8.49%，说明短期内公司偿债压力并不大。

（三）建议

1. 公司可转债发行成功后，调整贷款规模，减低财务费用；
2. 增加长期贷款的比重，分散短期偿债压力；
3. 鉴于某项目开工延迟至三季度，可利用现有资金进行短期的资金运作，提高资金收益来弥补资金成本。

项目 4
企业基本财务情况分析

任务 4-1 资产项目分析

一、货币资金

货币资金是指以货币形态存在的资金,包括企业库存现金、银行存款、外埠存款、银行汇票存款、银行本票存款、信用卡存款和在途资金等。

货币资金是流动性最强、变现速度最快的资产。如果该项目数额较大,表明企业的支付能力较强,是偿还债务和支付货款的有力保障。相反,当企业的货币资金数额较小时,将会影响企业的支付能力,使企业面临偿债困难和支付贷款的巨大压力,严重的最终将导致企业破产。

货币资金也是盈利能力最弱的资产,所以,该项目数额不宜过大。如果货币资金的持有量过大,表明企业资金使用效率低,将对企业的盈利能力产生不良影响,失去资金的增值机会,造成资金的浪费。货币资金分析要点如下。

1. 持有是否适量

不同性质、不同规模的企业,对货币资金的需要量不尽相同,所以没有统一的持有量标准,因此,应结合企业的行业特点、资产规模、筹资能力等方面进行分析。一般来说,企业的资产规模越大,业务量越大,需要的货币资金就越多;企业的筹资能力强,筹资渠道畅通,置存的货币资金就可以少些。

2. 增减变动及其原因

如果发现企业的货币资金的增减变动幅度较大,则应对其增减变动的原因作进一步的分析。

首先,分析是否受企业销售规模的影响。货币资金的大小与企业的销售规模的扩大或缩小有一定的联系,如果企业货币资金增(减)幅度较大,应关注销售规模是否扩大(缩减),盈利能力是否增强(减弱)。

其次,应了解企业本期借款的借入和归还情况。本期借入大量款项在投入使用前或归还前期借款,将引起当期货币资金的较大幅度的增加或减少。

除此之外，货币资金的变动也有可能是因为企业的信用政策发生了变化。例如，降低赊销比例，加强应收账款的回收等，都将增加当期企业的持币量。

3. 是否按国家有关规定进行管理

检查企业货币资金的管理是否符合国家的有关法律、法规的规定，是否存在违法违规行为，分析企业内部控制制度的完善程度和实际执行质量。

二、交易性金融资产

交易性金融资产主要包括企业利用闲置资金从二级市场上购入的以赚取差价为目的的债权、股票、基金、权证等。企业持有交易性金融资产的目的是为了近期出售，其流动性仅次于货币资金，能够在证券市场上随时变现；其营利性高于货币资金，可以解决货币资金的营利性与流动性之间的矛盾。

一般来说，如果企业的交易性金融资产的金额较大，通常说明企业的支付能力和盈利能力有保证。但是交易性金融资产具有一定的风险，特别是收益较高的股票，由于市场难以把握，所以风险也较大。交易性金融资产分析要点如下。

1. 构成内容

交易性金融资产中，债权投资的风险较小，股票投资的风险较大，因此，在分析时应关注其构成内容，及时发现风险，规避风险。

2. 目的性及报表金额的特点，增减变动情况及其原因

交易性金融资产易变现、持有时间短、盈利与亏损难以把握的特点，决定了它在报表中的金额经常变动、投资收益与亏损不稳定。在分析时要观察企业的交易性金融资产项目是否存在跨年度长期不变、投资收益较固定的现象。该现象说明企业有可能故意将其他金融资产（如持有至到期投资、可供出售金融资产等）列为交易性金融资产，人为地增加当其流动资产数额，调高当其流动比率，从表面上改善流动资产状况。应注意的是，企业的流动比率状况好与现金支付能力差的矛盾有可能就是短期投资长期性的一种表现。

3. 期末计价

根据企业会计准则的规定，交易性金融资产采用公允价值进行后续计量，具体做法是：在资产负债日，根据其公允价值对其账面价值进行调整，将公允价值与账面价值之间的差额计入当期损益（公允价值变动损益）。

在实际工作中，一些企业持有的交易性金融资产（如股票）价格在会计期末跌幅较大，却可能没有对其进行账面价值调整，其结果是高估了交易性金融资产的账面价值，虚增了当期利润。

三、应收账款

应收账款是企业因销售产品、提供劳务等经营活动而形成的商业债权。

应收账款数额大小与企业的经营方式、行业特点、信用政策、销售规模等有着密切联系。例如，工业企业往往采取产品或劳务赊销的方式，一般来说，其应收账款数额比大量业务主要采用现金销售方式的商业零售企业会大些。

通常，不少企业会通过制定宽松的信用政策来扩大销售规模，占领产品市场，增强竞争力，但是，如果应收账款占用过多，对于企业而言是很不经济的，非但造成生产周转资金被无偿占用，同时也会导致应收账款的管理费用上升、坏账增多，增大企业资产的风险。应收账款分析要点如下。

1. 确定决定其规模的主要因素，分析各因素的影响程度

销售产品是企业形成应收账款的直接原因。企业扩大销售规模、放宽信用政策等都将增加应收账款的数额。分析时应找出影响应收账款增减变化的主要因素，分析各因素对应收账款的影响程度，判断应收账款是否存在不合理的增长。一般来说，如果应收账款的增长率大于营业收入、流动资产等项目的增长率，就可以判断应收账款存在不合理增长的倾向。

2. 质量分析

第一，进行账龄分析，加强催收管理。

账龄不同，风险也不尽相同。一般来说，账龄越长，发生坏账的可能性越大。通过账龄分析，针对不同的情况，采用不同的催收政策，防范坏账风险。

第二，进行债务人构成分析。

包括债务人的区域构成、所有权性质、债务人与债权人的关联状况、债务人的稳定程度和集中程度等方面。

如果债务人所处的地区较偏僻或距离较远，有可能会增加催收的费用；应收账款过分集中于少数客户会造成对这些客户的过分依赖，风险也相应增大。

第三，真实性分析。

由于利用应收账款调节利润的手段隐蔽性强，易于操作，所以往往会被某些企业加以利用。因此，分析时应注意企业全年的应收账款与营业收入之间的平衡关系，了解构成应收账款的现实交易背景，如果发现某个企业的应收账款增长幅度远远超过其营业收入的增长幅度，特别是全年某个月份应收账款和营业收入同时增长异常，就应引起特别关注。

此外，还应注意企业关联方应收账款金额增减变动是否正常，以及该项目在企业的应收账款中所占的比重，分析是否存在利用关联方交易调节利润的现象。

四、其他应收款

其他应收款是企业发生的非购销活动的应收债权,主要包括备用金,应收出租包装物租金,应向职工收取的各项代垫款,应收的各种赔款、罚款等。

一般来说,企业的其他应收款数额不会太大且期限较短,如果发现其期限较长,数额较大,接近甚至超过了应收账款的数额,则属于不正常现象可能原因有:大股东长期占用资金;将当期成本费用支出故意列入其他应收款中以调节利润;转移销售收入,达到偷漏税的目的等等。针对上述可能存在的现象,分析时应重点关注关联方其他应收款的余额及其账龄、其他应收款的构成内容、其他应收款的规模和变动情况等。

五、存货

存货是企业实物资产的重要组成部分,通常占流动资产总额的一半以上。一般认为,适当的存货可以保证企业对生产原料的需求,有利于企业组织均衡生产,及时地为客户提供商品。但是,存货越多,占用的资金就越多,由于存货的变现能力差,而且市场价格也处于不断变化中,因此风险也就越大;存货越多,存货的管理成本也越大。因此存货的实物管理与其他流动资产相比,显得尤为重要。存货分析要点如下。

1. 结构及数量分析

存货包括原材料、在产品(或在制品)、产成品(或商品)及周转材料(包装物,低值易耗品等),分析时应了解各类存货在存货总额中的比重,衡量是否合理。企业的存货经常处于购入、消耗和销售状态,因而应及时了解其结构及变动情况。

企业应采用科学的方法,确定合理的存货水平,即在保证企业生产、销售需要的前提下,使存货的采购、保管、损失等总成本达到最低。材料是为生产而储备的,应按企业的生产能力核算其最佳储备量,及时发现有无超储积压、停工待料的现象;产成品是为销售而储备的,应根据市场需求,尽量限制在最低限度,既要防止积压,又要防止供不应求而错失销售良机,当积压现象较严重时,应及时采取促销手段减少挤压和损失。

正常情况下,企业的存货结构应保持相对稳定。分析时重点关注变动较大的项目,深入分析其变动的原因。

2. 真实性分析

存货项目的金额是按其账面价值(即入账时的实际成本扣除存货跌价准备后的余额)列示的,而现实的存货由于会计核算方法、存货保管制度等原因,例如由于保管不善而发生损失,往往会产生账实不符的现象。因此,应经常进行账实核对,保证存货的真实性,并且要特别关注那些盘点较困难的存货的实存量。

3. 计价分析

同一存货由于取得的价格可能不同，因此在发出时就存在着成本流转与实物流转之间的关系问题。在实际工作中，由于存货品种、规格繁多，给存货的成本流转与实物流转保持一致性带来了很大的困难，因此，一般是根据存货的成本流转假设来选择存货发出的计价方法。

企业会计准则规定，存货的发出计价方法主要有个别计价法、先进先出法、加权平均法（月末一次加权平均和移动加权平均法）等。发出存货时采用不同的计价方法，对当期成本与期末存货价值影响不同。例如，在物价上涨情况下采用先进先出法计价，会使当期的产品成本较低，利润被高估，而期末存货价值就高。

因此，在分析时应了解企业存货的计价方法，特别是在与其他企业进行比较分析时，应统一口径，使数据信息具有可比性。

六、长期股权投资

长期股权投资是企业通过投出各种资产取得并意图长期持有的被投资单位股权的投资。从经营角度看，企业进行长期股权投资的目的有：增加企业利润；实行多元化经营以分散经营风险；为了控制材料供应、对被投资单位的经营决策实施控制或重大影响以确保企业经营处于有利地位；化零为整、积累资金以供特定需要。

长期股权投资的期限长、金额大，因而对企业的财务状况影响也很大。长期股权投资分析要点如下。

1. 收益分析

长期股权投资占用的资金企业难以直接控制，要考察其投资是否合理，关键是看其是否能分散风险，能否获得较高的收益。

长期股权投资的收益包括股利收益和股权转让的差价收益两部分。分析时应注意，长期股权投资采用权益法核算时，所确认的投资收益一般先于企业收回的股利，通常会大于现金的流入，所以，即使投资收益增加了，也有可能引起企业货币状况的恶化。另外，转让股权的差价收益具有高度不确定性，且不容易计量。

2. 构成分析

分析时，应把握对各投资对象的投资规模、投资比例等，分析各被投资单位产品的盈利能力及市场前景，掌握各被投资单位的经营状况、发展潜力，从而判断该项投资的质量好坏，以对是否保持投资、追加投资、减少投资做出决策。

七、固定资产

固定资产是企业实物资产的主要组成部分，他能连续在若干个生产周期内发挥作用而不改变其原有的实物形态，其价值会随着使用磨损而逐步以折旧的形式转移到产品成本和有关费用中,再随同产品出售转化为企业的货币资金。在资产负债表中,固定资产项目数额是固定资产原值减去累计折旧和固定资产减值准备后的余额。

由于固定资产需占用企业大量的资金,且资金周转时间长、变现能力差,因此,对固定资产的管理就显得十分重要。固定资产分析要点如下。

1. 规模分析

一般来说,固定资产项目金额的大小标志着一个企业生产经营规模的大小和生产能力的高低。企业要在市场竞争中生存和发展,必须具备一定的生产规模,才能创造更大的效益。

行业不同,对固定资产规模的要求也不同。固定资产的规模不但应与企业生产规模的总体规模相适应,而且还应与流动资产保持一定的比例关系。

固定资产的规模变动情况分析可分别从其原值和净值两个方面进行。固定资产原值的变动是当期固定资产增加和减少的结果,固定资产增加的原因包括购置、自建、接受投资、接受捐赠等,固定资产减少的原因有出售、报废、对外投资、对外捐赠等;固定资产净值的变动取决于固定资产原值及其折旧变动,而固定资产的折旧则取决于企业采取的折旧政策。

2. 新旧程度分析

固定资产的新旧程度在一定程度上代表企业的发展潜力。企业要发展,首先必须对固定资产进行更新改造,以新的先进的设备逐渐替换旧设备,从而不断生产出新的适应市场需要的高质量的产品。

八、长期待摊费用

长期待摊费用是指企业已经发生,但应由本期和以后各期负担的分摊期限在1年以上的各项费用。

长期待摊费用名为资产,实为费用,不能变现,因此,该项目数额越大,表明企业资产质量越低。进行分析时应注意长期待摊费用是否正确摊销,有无多摊销或少摊销现象,有些企业可能会利用该项目调节当期利润。

任务 4-2 负债项目分析

负债是指过去的交易、事项形成的现时义务,履行该义务预期会导致经济利益流出企业。负债是企业的重要资本来源之一,是企业生产经营所需要的长短期资金的重要保证,但是,过度负债则会影响企业现金收支调度,增加企业偿债的包袱。

负债按偿还时间的长短,分为流动负债和非流动负债。流动负债的偿还期较短,在资产负债表中通常以发生时的成本来表述。

一、流动负债分析要点

1. 结合流动资产的构成,分析流动负债增减变动的利弊

从财务角度看,流动负债,特别是短期借款,其资金成本低,使用约束小,筹集渠道短,因此,生产经营周转的流动资产以借款形成较为有利。但是流动负债需要以流动资产或新举借的流动负债来偿还,所以如果企业举借新负债的渠道受阻,或者流动资产中变现能力较差的存货数额太大,将会影响债务的到期偿还。

2. 各项目的性质、资金成本的高低分析

根据流动负债的形成环节,可将其分为营业环节负债、融资环节负债和收益分配环节负债三大类。营业环节负债包括应付票据、应付账款、预收账款、应付职工薪酬等,其特点是一般不需支付利息,但需要到期偿还。融资环节负债主要有短期借款、一年内到期的非流动负债,其特点是一般需支付约定的利息费用,需要到期偿还或到期可协商延期偿还。收益分配环节负债有应付股利、应交税费等,其特点是与企业盈利相关,且需按期支付。

通过对各项目的性质以及偿还的紧迫程度分析,可合理安排偿还顺序,维护企业自身信用和形象。例如,由赊购而形成的应付账款,从理财角度看,由于其超期付款成本比短期银行借款高得多,所以除非企业举借十分困难,否则,应尽可能不拖欠,最好是在折扣期的最后一天付款。

二、非流动负债分析要点

非流动负债会影响企业的长期财务决策,是企业的理财重点。非流动负债的分析要点如下。

1. 把握一年内到期的非流动负债的数额

随着时间到推移,非流动负债会逐步转入流动负债,加重即期偿债压力,因此不可忽视其数额的大小。

2. 财务杠杆作用分析

适度的非流动负债,既可弥补资金缺口,又能发挥财务杠杆作用,大幅度地提高企业的经济效益;相反,会使企业陷入财务困境。

3. 借款费用分析

借款费用是指企业因借款而发生的利息及其他相关成本,包括借款利息、折价或溢价的摊销、辅助费用(手续费、佣金等)、外币借款差额。

企业会计准则规定，企业发生的借款费用，可直接归属于符合资本化条件的资产的购建或者生产的，应当予以资本化，计入相关资产成本；其他借款费用，应当在发生时根据其发生额确认为费用，计入当期损益。符合资本化条件的资产是指需要经过1年及1年以上时间的购建或者生产活动才能达到预定可使用或者可销售状态的固定资产、投资性房地产和存货等。借款费用资本化必须同时符合三个条件：第一，资产支出已经发生；第二，借款费用已经发生；第三，为使资产达到预定可使用状态或者可销售状态所必要的购建或者生产活动已将开始。

分析时应注意借款费用的处理是否正确，即应资本化的借款费用是否已准确地计入相关资产成本中。

任务 4-3　所有者权益项目分析

所有者权益（股东权益）是企业投资者对企业净资产的要求权。按所有者的形成和永久性程度，可分为投入资本和留存收益两类。其中，投入资本是指企业投资者或他人直接投入的资本，包括实收资本（股本）和资本公积；留存收益包括盈余公积和未分配利润，是由企业在生产经营过程中所实现的利润留存在企业所形成的。所有者权益分析要点有以下几个。

1. 比重大小分析

所有者权益反映了企业的经济实力，是长期偿债能力的保障，也决定了企业能否在市场上借入资金以及借入资金的数额。所有者权益在资本结构中的比重大，表明企业经营风险最终由所有者来承担，对债权人来说，其债权就越有保障。但是，所有者权益的资金成本高于负债的资金成本，因此，过高的所有者权益对于投资者来说是不利的，不但加大了风险，而且不能很好地发挥借款的杠杆作用。

2. 投资者（股东）构成状况分析

大股东及持有实质性控制权或具有重大影响的投资者的背景很重要，因为他们对企业的发展方向具有决定性作用。

3. 实收资本（股本）增减变动分析

实收资本（股本）是企业实际收到的投资者投入的资本，一般不得随意地增减变动，尤其是不得抽逃资金。如果企业符合增资条件，须经有关部门批准，在实际收到出资时再按有关规定入账。投资者转让其出资额，须在办理完转让手续后，再记入企业有关明细账。如果发现企业的实收资本（股本）小于注册资本，说明投资未到位，应进一步了解资本未到位的原因。

实收资本（股本）的变动，将会影响原投资者（老股东）对企业的所有权、控制权或影响力，也会对企业的偿债能力、获利能力产生影响。

4. 留存收益构成及增减变动分析

留存收益包括盈余公积和未分配利润两部分，其增减变动及增减变动的数额取决于企业的盈亏状况和利润分配政策。留存收益的增加，可以满足企业扩大再生产的需要，提高企业的获利能力，增强企业的实力。

任务 4-4　利润表项目分析

利润表是分析企业盈利能力、评价企业经营管理状况的重要依据。通过利润表的分析，可以正确评价企业的经营业绩，发现企业经营管理中存在的问题，判断企业的发展趋势，为经营管理决策提供依据。利润表项目分析可以从利润构成的主要项目入手。

一、营业收入分析

按照企业经营业务的主次不同，营业收入可以分为主营业务收入和其他业务收入。

品种构成、销售比重变动情况分析从事多品种经营的企业，其不同产品的营业收入构成及其比重的变化对信息使用者有着十分重要的意义。如果某一产品的销售及其在销售收入中的比重稳步增加，说明该产品有利可图，企业应把握机会，大力发展该产品的生产及市场；如果某一产品的销售额绝对值增加，而在全部销售收入中的比重却下降，说明该产品的销售收入相对萎缩，应进一步分析萎缩的原因；如果某一产品的销售额绝对值和比重均出现大幅下降趋势，说明该产品已为市场所排斥，或可从改善售后服务入手以改变现状，或是应着手寻找更好的替代产品。

1. 比重分析

主营业务收入是企业利润的主要来源，是企业经营成果稳定的保证。如果企业的主营业务收入比重过低，或者大部分收入来源于其他业务收入，甚至由非营业收入所构成，应引起特别关注，例如补贴收入，具有极大的不确定性，不具有持续性，由此增加的企业利润不能代表企业的长期盈利能力和发展水平。

2. 关联方交易收入比重分析

关联方交易之间是企业间正常交易的一部分，但是由于他们之间存在着比非关联企业之间更为密切的关系，分析时必须关注其在交易价格、交易的实现时间等方面的非市场化因素，发现是否存在非正常交易成分。

二、营业成本分析

企业的营业收入减去营业成本后的余额为毛利,企业经营必须有一定的毛利才有可能形成营业利润。营业成本包括主营业务成本和其他业务成本两方面内容。主营业务成本与主营业务收入有直接因果关系,一般随着主营业务的增加而增加,是企业从事经营活动时先行投入的价值表现,该项目水平的高低是受多方面因素影响的,有的是不可控的(如市场价格的波动),有的是可控的(如企业通过一定的方法减少生产过程中的废品数量等),因此,评价主营业务成本高低变动情况应结合多种因素分析,而最重要的是,如何以最小的投入取得最大的利润。

三、期间费用分析

期间费用指与营业收入没有直接因果关系的财务费用、销售费用和管理费用。

1. 财务费用

财务费用是企业经营活动及投资活动中发生的筹资费用,包括利息支出、兑换损益、金融机构手续费等,但不包括为购建固定资产而发生的筹资费用在工程完工并办理竣工决算手续前的部分。有些公司可能利用借款费用资本化操纵利润,虚增资产价值和利润,因此,对财务费用的构成内容进行分析显得很重要,是评价财务费用指标的一个重要因素。其中,利息支出的大小主要取决于贷款规模、贷款利率、贷款期限三个因素。因此,从利息支出的增减变动,可以了解企业的贷款规模。尽管利息支出的减少会使财务费用下降,但是,如果利息支出的减少是因贷款规模的缩小而造成,还应注意贷款规模的缩小是否限制了企业的发展。

利息支出、汇兑损益等指标受金融市场的利率和汇率变动的影响。例如,贷款利率的下调,贷款规模较大的企业受益最大,因利率的下降而造成利息支出的减少体现了利润的增大,因此,分析时不应对这样的财务费用的降低给予过高的评价。

此外,还应注意某企业财务费用出现负数的现象,即利息收入大于利息支出,这有可能是该企业资金闲置严重。

2. 销售费用

销售费用是企业在销售商品或提供劳务过程中发生的费用,包括与企业业务活动规模相关的运输费、装卸费、包装费、保险费、差旅费等,与企业销售人员福利相关的福利薪金,与企业未来发展相关的广告费等。其中,广告费是企业为了开拓市场、提高品牌的知名度而支付的费用,分析时应注意企业是否基于业绩考虑而将其列入长期待摊费用。

企业如果能在经营收入增加的同时降低成本费用当然最好,但是,如果片面追求在一定时期降低成本费用,有可能对企业的长期发展不利,例如,降低销售人员福利薪金,将影响他们的工作积极性。

3. 管理费用

管理费用是企业为组织和管理企业生产经营所发生的费用。企业的管理费用与经营收入之间存在一定的关系，如果营业收入增长而管理费用下降则应引起注意，有可能是企业利用管理费用操纵利润。与销售费用一样，如果片面追求降低管理费用将对企业发展不利。

四、投资收益分析

投资收益来源于企业的交易性金融资产、持有至到期投资、可供出售金融资产及长期股权投资等方面，对于交易性金融资产，主要关注其所占的份额，以及当期投资收益的异常变动，如果交易性金融资产比重较大，应注意是否动用暂时闲置资金进行投资。对于长期投资，应分析投资项目的风险，了解被投资企业的背景资料、发展前景，以评价该投资的经济效益。

五、营业外收支分析

营业外收入或支出是与企业生产经营无直接关系的收入或支出，它的发生是企业经营管理者无法预料和控制的，但对企业利润又将产生一定的影响。分析时应注意是否存在利用该项目调节利润的现象。

六、利润分析

在利润表中，利润包括营业利润、利润总额、净利润三个层次。对利润进行分析应把握以下几点。

1. 营业利润

营业利润是企业从事生产经营业务所获取的利润，它由营业收入（主营业务收入加上其他业务收入）减去营业成本（主营业务成本加上其他业务成本）、营业税金及附加、期间费用和资产减值损失的差额，再加上投资收益和公允价值变动收益后的余额，代表企业生产经营活动的最终成果，是利润的主要构成部分，从长期来看，它将决定一个企业的利润总额的大小。

从绝对值看，该指标应为正数且越大越好。但是仅利用该指标作为决策的依据是不足够的，一般还应将其与利润总额相比较。如果一个企业的营业利润占总利润的比重较小，说明该企业的经营活动和管理上可能存在问题，对企业发展不利，应做进一步分析。

2. 利润总额

利润总额是营业利润加减营业外收支后的余额，是企业的所得税前利润。一般情况下，营业利润较多，期末利润总额也会较高。

如果一个企业的利润总额主要由营业利润构成，则应引起注意此时应重点分析非营业利润的真实性和稳定性。

3. 净利润

净利润是利润总额减去所得税费用后的净额，是企业的税后利润。一般来说，利润总额较大的企业，其净利润也就会较高。在其他条件不变情况下净利润较多，净利润越多，企业盈利能力就越强。

净利润的大小，受到产品产量、质量、品种结构、市场营销、成本费用等方面的影响，所以，该指标在一定程度上反映了企业的经营管理水平。可以通过对多期该指标的对比分析，研究其增长趋势和增长速度。净收入、成本费用有关的营业收入利润率、营业收入毛利率、总收入利润率、营业成本利润率、成本费用利润率、全部成本费用利润率，与资产有关的资产净利率、净值报酬率、总资产报酬率，与上市公司有关的基本每股收益、稀释每股收益、市盈率等指标。

企业基本财务情况分析例（表 4-1 至表 4-3）：

表 4-1　W 公司资产负债表

单位：元

报表日期	2014-09-30	2014-06-30	2014-03-31	2013-09-30	2013-06-30	2013-03-31
流动资产						
货币资金	2 838 110 000	2 486 190 000	2 585 890 000	1 352 480 000	2 534 360 000	2 779 410 000
应收票据	1 174 240 000	3 108 370 000	2 603 560 000	2 153 990 000	3 068 380 000	2 007 640 000
应收账款	2 051 333 500	1 752 410 000	1 908 398 200	1 256 019 800	1 575 040 000	1 246 887 900
预付款项	984 184 000	811 571 000	833 580 000	1 929 530 000	1 844 800 000	1 948 200 000
其他应收款	3 426 580 000	3 503 560 000	3 513 720 000	3 087 600 000	3 243 970 000	3 052 380 000
存货	3 684 370 000	3 942 820 000	4 032 390 000	4 040 630 000	4 061 520 000	3 842 870 000
其他流动资产	645 416 000	200 000 000	38 250 000	120 000 000	0	242 550 000
流动资产合计	14 804 200 000	15 804 900 000	15 515 800 000	14 301 300 000	16 328 100 000	15 572 500 000
非流动资产						
可供出售金融资产	1 776 380 000	0	0	0	0	0
长期股权投资	2 137 860 000	3 894 280 000	3 822 410 000	3 257 930 000	1 826 380 000	2 021 680 000
投资性房地产	236 751 000	239 348 000	231 776 100	122 586 300	111 670 000	1 225 586 300
固定资产原值	0	23 421 600 000	0	0	15 980 200 000	0
累计折旧	0	6 044 420 000	0	0	4 692 770 000	0

续表

报表日期	2014-09-30	2014-06-30	2014-03-31	2013-09-30	2013-06-30	2013-03-31
固定资产净值	0	17 377 200 000	0	0	11 287 500 000	0
固定资产减值准备	0	127 586 000	0	0	9 469 630	0
固定资产净额	18 029 100 000	17 249 600 000	17 111 200 000	11 054 200 000	11 278 000 000	11 521 700 000
在建工程	4 656 540 000	3 834 970 000	3 382 540 000	7 318 100 000	6 745 250 000	6 061 660 000
工程物资	31 166 300	18 252 600	238 798 000	236 549 400	102 308 000	56 300 700
无形资产	821 583 000	818 874 000	782 119 000	721 144 000	711 166 000	713 316 000
商誉	18 779 600	18 779 600	18 779 600	26 217 900	26 217 900	25 087 100
长期待摊费用	115 892 000	110 613 000	112 205 000	122 351 000	111 426 000	113 152 000
递延所得税资产	61 038 800	61 509 900	61 560 700	102 601 000	103 289 000	102 760 000
非流动资产合计	27 885 100 000	26 246 300 000	25 761 400 000	22 811 800 000	21 015 700 000	20 726 600 000
资产总计	42 689 300 000	42 051 200 000	41 277 200 000	37 113 100 000	37 343 700 000	36 299 100 000
流动负债						
短期借款	9 916 500 000	10 068 500 000	7 855 500 000	6 797 500 000	6 407 120 000	6 416 500 000
应付账款	3 831 110 000	3 380 940 000	3 342 880 000	3 448 770 000	3 136 750 000	3 458 130 000
预收款项	546 164 000	451 877 000	477 024 000	605 968 000	587 678 000	514 515 000
应付职工薪酬	50 539 000	67 537 800	63 995 600	29 629 700	33 464 100	55 131 100
应交税费	271 091 000	-187 043 000	-176 624 000	-287 889 000	-313 571 000	-225 109 000
应付利息	77 584 800	114 783 000	98 811 400	37 005 900	50 816 200	38 860 100
应付股利	2 137 390	128 858 000	2 137 400	1 465 220	1 465 200	1 465 220
其他应付款	2 254 070 000	1 993 990 000	2 276 610 000	2 312 110 000	2 261 960 000	1 581 810 000
一年内到期的非流动负债	3 023 950 000	2 374 720 000	2 916 310 000	2 532 550 000	2 682 850 000	3 207 760 000
流动负债合计	19 973 200 000	18 394 200 000	16 856 600 000	15 477 100 000	14 848 500 000	15 049 100 000
非流动负债						
长期借款	5 578 780 000	6 506 530 000	7 152 320 000	5 480 840 000	6 393 410 000	5 718 150 000
应付债券	3 990 640 000	4 172 950 000	4 108 640 000	3 982 090 000	4 164 440 000	4 098 900 000
长期应付款	114 638 000	114 659 000	114 884 000	0	0	0
递延所得税负债	33 078 800	33 176 200	33 273 700	25 943 700	25 972 200	26 000 600
其他非流动负债	48 499 000	57 970 700	58 935 800	42 393 600	45 474 600	46 432 400
非流动负债合计	9 765 640 000	10 885 300 000	11 468 100 000	9 531 260 000	10 629 300 000	9 889 480 000

续表

报表日期	2014-09-30	2014-06-30	2014-03-31	2013-09-30	2013-06-30	2013-03-31
负债合计	29 738 800 000	29 279 400 000	28 324 700 000	25 008 400 000	25 477 800 000	24 938 500 000
所有者权益						
实收资本（或股本）	1 032 000 000	1 032 000 000	1 032 000 000	1 032 000 000	1 032 000 000	1 032 000 000
资本公积	1 301 420 000	1 298 280 000	1 298 060 000	1 298 020 000	1 298 020 000	1 300 100 000
专项储备	82 869 800	90 790 300	90 400 600	102 227 000	100 029 000	92 555 600
盈余公积	491 759 000	478 113 000	478 113 000	447 471 000	447 471 000	448 254 000
未分配利润	3 895 000 000	3 803 020 000	3 876 010 000	3 458 650 000	3 292 610 000	3 277 060 000
外币报表折算差额	−64 911.4	−39 836.2	−37 025.5	−15 946.5	−18 921.4	−19 107.4
归属于母公司股东权益合计	6 802 980 000	6 702 160 000	6 774 550 000	6 338 350 000	6 170 110 000	6 149 950 000
少数股东权益	6 147 510 000	6 069 580 000	6 177 980 000	5 766 360 000	5 695 800 000	5 210 610 000
所有者权益（或股东权益）合计	12 950 500 000	12 771 700 000	12 952 500 000	12 104 700 000	11 865 900 000	11 360 600 000
负债和所有者权益（或股东权益）总计	42 689 300 000	42 051 200 000	41 277 200 000	37 113 100 000	37 343 700 000	36 299 100 000

表4-2 W公司利润表

单位：元

报表日期	2014-09-30	2014-06-30	2014-03-31	2013-09-30	2013-06-30	2013-03-31
一、营业总收入	11 269 500 000	7 035 160 000	3 219 940 000	9 851 050 000	6 605 890 000	3 523 850 000
营业收入	11 269 500 000	7 035 160 000	3 219 940 000	9851050000	6605890000	3 523 850 000
二、营业总成本	10 816 800 000	6 761 320 000	3 017 120 000	9 168 800 000	6 192 010 000	3 338 230 000
营业成本	7 717 990 000	4 864 510 000	2 143 870 000	6 904 880 000	4 800 150 000	2 590 270 000
三、营业利润	550 180 000	351 136 000	251 802 000	830 937 000	522 271 000	24 599 1000
营业外收入	199 378 100	175 547 400	29 383 000	18 026 300	7 230 600	2 821 100
营业外支出	10 140 300	7 169 700	2 022 980	17 603 300	4 588 700	2 133 700
非流动资产处置损失	1 833 430	1 112 650	673 830	4 623 220	307 395	56 666
利润总额	739 418 000	519 514 000	279 162 000	831 344 000	524 913 000	246 678 000

续表

报表日期	2014-09-30	2014-06-30	2014-03-31	2013-09-30	2013-06-30	2013-03-31
所得税费用	174 476 000	120 206 000	58 268 600	148 877 000	104 777 000	47 924 100
四、净利润	564 942 000	399 307 000	220 893 000	682 467 000	420 136 000	198 754 000
归属于母公司所有者的净利润	264 865 000	177 030 000	126 183 000	415 893 000	249 855 000	131 096 000
少数股东损益	300 077 000	222 278 000	94 710 600	266 574 000	170 282 000	67 658 200
五、每股收益						
基本每股收益	0.26	0.17	0.12	0.4	0.24	0.13
稀释每股收益	0.26	0.17	0.12	0.4	0.24	0.13
六、其他综合收益	800 068	1 004 200	787 500	-391.04	-5 349.15	-5 659.18
七、综合收益总额	565 742 000	400 312 000	221 681 000	682 466 000	420 131 000	198 749 000
归属于母公司所有者的综合收益总额	265 682 000	178 034 000	126 969 000	415 893 000	249 851 000	131 093 000
归属于少数股东的综合收益总额	300 060 000	222 277 000	94 711 800	266 574 000	170 280 000	67 655 900

表 4-3 现金流量表

单位：元

报告期	2014-09-30	2014-06-30	2014-03-31	2013-09-30	2013-06-30	2013-03-31
一、经营活动产生的现金流量：						
销售商品、提供劳务收到的现金	14 913 500 000	7 774 910 000	3 344 220 000	11 566 200 000	6 350 420 000	3 250 320 000
收到的税费返还	2 925 270	2 090 250	1 367 610	12 965 000	9 542 540	3 870 420
收到的其他与经营活动有关的现金	166 764 000	48 227 000	13 754 600	56 165 600	31 591 500	6 014 800
经营活动现金流入小计	15 083 200 000	7 825 230 000	3 359 350 000	11 635 400 000	6 391 550 000	3 260 200 000
购买商品、接受劳务支付的现金	8 634 350 000	5 072 050 000	2 364 990 000	8 207 080 000	5 587 600 000	2 852 940 000
支付给职工及为职工支付的现金	1 159 440 000	765 808 000	321 266 000	902 743 000	599 945 000	310 011 000
支付的各项税费	1 184 710 000	823 203 000	376 523 000	1 063 610 000	791 094 000	383 952 000

续表

报告期	2014-09-30	2014-06-30	2014-03-31	2013-09-30	2013-06-30	2013-03-31
支付的其他与经营活动有关的现金	284 307 000	121 283 000	38 394 300	191 446 000	129 006 000	22 363 700
经营活动现金流出小计	11 262 800 000	6 782 340 000	3 101 170 000	10 364 900 000	7 107 640 000	3 569 260 000
经营活动产生的现金流量净额	3 820 398 700	1 042 890 000	258 173 800	1 264 883 400	-716 091 000	-309 059 100
二、投资活动产生的现金流量：						
取得投资收益所收到的现金	56 375 000	56 375 000	56 375 000	137 269 000	117 319 000	0
处置固定资产、无形资产和其他长期资产所收回的现金净额	3 026 160	2 372 180	1 842 750	11 320 800	7 500 830	7 139 150
收到的其他与投资活动有关的现金	510 057 000	352 550 000	297 008 000	972 492 000	657 638 000	344 892 000
投资活动现金流入小计	569 458 000	411 297 000	355 226 000	1 121 080 000	782 458 000	352 031 000
购建固定资产、无形资产和其他长期资产所支付的现金	1 906 060 000	1 554 880 000	685 680 000	2 056 990 000	1 547 130 000	752 357 000
投资所支付的现金	524 071 000	524 071 000	150 000 000	1 435 160 000	20 162 700	0
取得子公司及其他营业单位支付的现金净额	243 830 000	187 676 000	200 000 000	0	0	0
支付的其他与投资活动有关的现金	440 000 000	440 000 000	164 109 000	637 548 000	377 651 000	0
投资活动现金流出小计	3 113 960 000	2 706 630 000	1 199 790 000	4 129 700 000	1 944 950 000	752 357 000
投资活动产生的现金流量净额	-2 544 510 000	-2 295 330 000	-844 562 900	-3 008 620 000	-1 162 489 800	-400 325 700

续表

报告期	2014-09-30	2014-06-30	2014-03-31	2013-09-30	2013-06-30	2013-03-31
三、筹资活动产生的现金流量：						
吸收投资收到的现金	0	0	0	600 000 000	600 000 000	0
其中：子公司吸收少数股东投资收到的现金	0	0	0	600 000 000	600 000 000	0
取得借款收到的现金	12 559 700 000	7 666 500 000	2 972 500 000	10 717 400 000	7 127 980 000	1 928 760 000
收到其他与筹资活动有关的现金	2 688 860 000	2 512 390 000	1 860 370 000	2 089 280 000	1 797 790 000	675 999 000
筹资活动现金流入小计	15 248 500 000	10 178 900 000	4 832 870 000	13 406 700 000	9 525 770 000	2 604 760 000
偿还债务支付的现金	11 098 400 000	5 674 810 000	2 008 430 000	9 615 670 000	5 353 740 000	295 494 000
分配股利、利润或偿付利息所支付的现金	1 556 010 000	771 356 000	254 755 000	1 264 770 000	750 581 000	345 593 000
其中：子公司支付给少数股东的股利、利润	235 490 000	106 771 000	36 591 900	221 304 000	221 304 000	29 139 600
支付其他与筹资活动有关的现金	3 560 380 000	2 426 220 000	1 346 960 000	889 826 000	563 190 000	30 866 600
筹资活动现金流出小计	16 214 800 000	8 872 380 000	3 610 150 000	11 770 300 000	6 667 510 000	671 954 000
筹资活动产生的现金流量净额	-966 272 400	1 306 509 200	1 222 720 000	1 792 468 100	2 858 253 300	1 932 800 000
附注						
汇率变动对现金及现金等价物的影响	-909 108	-119 533	-1 448 200	-3 076 630	-1 466 520	-151 800
现金及现金等价物净增加额	308 711 000	53 948 100	634 880 000	-104 773 000	978 206 000	1 223 270 000

续表

报告期	2014-09-30	2014-06-30	2014-03-31	2013-09-30	2013-06-30	2013-03-31
期初现金及现金等价物余额	1 911 080 000	1 910 820 000	1 910 820 000	1 457 250 000	1 457 250 000	1 457 250 000
期末现金及现金等价物余额	2 219 790 000	1 964 770 000	2 545 700 000	1 352 480 000	2 435 460 000	2 680 510 000
净利润	0	399 307 000	0	0	420 136 000	0
资产减值准备	0	−737 309	0	0	−15 338.3	0
固定资产折旧、油气资产折耗、生产性物资折旧	0	762 535 000	0	0	540 779 000	0
无形资产摊销	0	14 188 000	0	0	14 416 900	0
长期待摊费用摊销	0	9 941 860	0	0	10 678 500	0
处置固定资产、无形资产和其他长期资产的损失	0	135 465	0	0	−830 199	0
财务费用	0	695 007 000	0	0	414 971 000	0
投资损失	0	−77 293 700	0	0	−108 392 000	0
递延所得税资产减少	0	−74 828.3	0	0	−2 239 920	0
递延所得税负债增加	0	−194 830	0	0	−56 862.8	0
存货的减少	0	132 302 000	0	0	58 743 200	0
经营性应收项目的减少	0	−1 420 390 000	0	0	−2 203 600 000	0
经营性应付项目的增加	0	528 163 000	0	0	139 321 000	0
经营活动产生现金流量净额	0	1 042 890 000	0	0	−716 091 000	0
现金的期末余额	2 219 790 000	1 964 770 000	2 545 700 000	1 352 480 000	2 435 460 000	2 680 510 000
现金的期初余额	1 911 080 000	1 910 820 000	1 910 820 000	1 457 250 000	1 457 250 000	1 457 250 000
现金及现金等价物的净增加额	308 711 000	53 948 100	634 880 000	−104 773 000	978 206 000	1 223 270 000

【基本财务情况变动说明】
【截止日期】 2014-09-30（表 4-4）

表 4-4 基本财务情况变动说明

变动科目	本期数值（万元）	上期数值（万元）	变动幅度（%）
资产减值损失	-50.03	-1.53	↓ 3 161.48
变动原因：其主要原因是本期收回已计提坏账准备往来款增加			
营业外收入	19 937.81	1 802.63	↑ 1 006.04
变动原因：其主要原因是本期本公司之子公司电力冶金公司收到新增的政府补助增加			
经营活动产生的现金流量净额	382 039.87	126 488.34	↑ 202.04
变动原因：主要是由于本期公司销售商品收到的现金较上年同期增加			
筹资活动产生的现金流量净额	-96 627.24	179 246.81	↓ 153.91
变动原因：主要是由于本期公司经营活动现金流优于上年同期，因而融资需求较上年减少			
投资性房地产	23 675.10	12 258.63	↑ 93.13
变动原因：其主要原因是本期出租房产增加			
工程物资	3 116.63	23 654.94	↓ 86.82
变动原因：其主要原因是由于本期工程项目领用			
财务费用	113 013.19	62 984.64	↑ 79.43
变动原因：其主要原因是本期利息支出增加			
汇率变动对现金的影响	-90.91	-307.66	↑ 70.45
变动原因：主要是由于外币汇率变动折算所致			
外币报表折算差额	-6.49	-3.88	↓ 67.28
变动原因：其主要原因是本期外币汇率变动折算影响			

续表

变动科目	本期数值(万元)	上期数值(万元)	变动幅度（%）
应收账款	205 133.35	125 601.98	↑ 63.32
变动原因：其主要原因是本期赊销货款增加			

【截止日期】2014-06-30（表4-5）

表4-5 基本财务情况变动说明

变动科目	本期数值（万元）	上期数值（万元）	变动幅度（%）
应付股利	12 885.58	146.52	↑ 8 694.30
变动原因：原因是本公司之子公司电力冶金公司应付股利增加			
资产减值损失	-73.73	-1.53	↓ 4 706.99
变动原因：原因是本期收回已计提坏账准备往来款增加			
营业外收入	17 554.74	723.06	↑ 2 327.83
变动原因：原因是本期本公司之子公司电力冶金公司收到新增的政府补助增加所致			
投资活动产生的现金流量净额	-229 533.00	-116 248.98	↓ 97.45
变动原因：是由于本期投资支付的现金较上期增加			
投资性房地产	23 934.85	12 258.63	↑ 95.25
变动原因：原因是本期出租房产增加			
工程物资	1 825.26	23 654.94	↓ 92.28
变动原因：原因是本期工程项目领用			
汇率变动对现金的影响	-11.95	-146.65	↑ 91.85
变动原因：是由于外币汇率变动折算所致			
财务费用	69 500.71	41 497.08	↑ 67.48
变动原因：原因是本期利息支出增加			
营业外支出	716.97	458.87	↑ 56.25

续表

变动科目	本期数值（万元）	上期数值（万元）	变动幅度（%）
变动原因：原因是本期赔偿支出增加			
筹资活动产生的现金流量净额	130 650.92	285 825.33	↓ 54.29
变动原因：是由于本期公司经营活动现金流优于上年同期，因而融资需求较上年减少			

【截止日期】2014-03-31（表4-6）

表4-6 基本财务情况变动说明

变动科目	本期数值（万元）	上期数值（万元）	变动幅度（%）
营业外收入	2 938.30	282.11	↑ 941.53
变动原因：其主要原因是本期本公司之子公司电力冶金收到新增的政府补助所致			
汇率变动对现金的影响	−144.82	−15.18	↓ 854.09
变动原因：其主要原因是外币汇率变动折算所致			
经营活动产生的现金流量净额	25 817.38	−30 905.91	↑ 183.54
变动原因：其主要原因是本期经营活动为现金净流入，上期经营活动为现金净流出，具体为本期公司购买商品支付的现金较上年同期减少			
投资活动产生的现金流量净额	−84 456.29	−40 032.57	↓ 110.97
变动原因：其主要原因是本期投资支付的现金较上期增加			
投资性房地产	23 177.61	12 258.63	↑ 89.07
变动原因：其主要原因是本期出租房产增加			
其他流动资产	3 825.00	24 255.00	↓ 84.23
变动原因：其主要原因是本期本公司赎回年初存续的理财产品			
应收账款	190 839.82	124 688.79	↑ 53.05

续表

变动科目	本期数值（万元）	上期数值（万元）	变动幅度（%）
变动原因：其主要原因是本期赊销货款增加			
财务费用	34 175.85	23 271.73	↑46.86
变动原因：其主要原因是本期利息支出增加			
应付股利	213.74	146.52	↑45.88
变动原因：其主要原因是本期本公司之子公司东泉公司应付股利增加			

课后任务

表 4-7 甲公司资产负债表

单位：元

报表日期	2013-12-31	2013-06-30	2012-12-31	2012-06-30
流动资产				
货币资金	1 913 480 000	2 534 360 000	1 635 050 000	1 815 190 000
应收票据	2 582 520 000	3 068 380 000	1 107 000 000	897 068 000
应收账款	1 246 890 000	1 575 040 000	1 298 050 000	1 702 640 000
预付款项	881 107 000	1 844 800 000	1 718 620 000	2 835 830 000
应收股利	35 000 000	0	0	0
其他应收款	323 925 000	3 243 970 000	3 029 260 000	2 647 530 000
存货	4 076 300 000	4 061 520 000	4 120 260 000	3 915 710 000
其他流动资产	242 550 000	0	220 000 000	0
流动资产合计	14 217 100 000	16 328 100 000	13 128 200 000	13 814 000 000
非流动资产				
长期股权投资	3 344 020 000	1 826 380 000	1 999 980 000	871 099 000
投资性房地产	122 586 000	111 670 000	114 767 000	114 820 000
固定资产原值	21 910 200 000	15 980 200 000	15 822 600 000	15 525 000 000
累计折旧	5 420 270 000	4 692 770 000	4 170 680 000	3 657 900 000
固定资产净值	16 490 000 000	11 287 500 000	11 652 000 000	11 867 100 000
固定资产减值准备	127 586 000	9 469 630	9 469 630	9 469 630

续表

报表日期	2013-12-31	2013-06-30	2012-12-31	2012-06-30
固定资产净额	16 362 400 000	11 278 000 000	11 642 500 000	11 857 600 000
在建工程	3 762 450 000	6 745 250 000	5 437 140 000	3 067 770 000
工程物资	236 549 000	102 308 000	66 520 900	391 180 000
无形资产	782 003 000	711 166 000	719 400 000	676 237 000
商誉	18 779 600	26 217 900	25 087 100	40 250 300
长期待摊费用	113 108 000	111 426 000	113 399 000	120 418 000
递延所得税资产	61 435 100	103 289 000	101 049 000	90 869 200
非流动资产合计	24 803 300 000	21 015 700 000	20 219 800 000	17 230 200 000
资产总计	39 020 400 000	37 343 700 000	33 348 100 000	31 044 200 000
流动负债				
短期借款	8 003 000 000	6 407 120 000	5 421 500 000	6 452 500 000
应付账款	3 079 760 000	3 136 750 000	3 202 180 000	3 128 260 000
预收款项	480 502 000	587 678 000	502 927 000	482 849 000
应付职工薪酬	72 870 100	33 464 100	55 530 100	68 791 700
应交税费	-213 033 000	-313 571 000	-233 810 000	-242 310 000
应付利息	87 418 100	50 816 200	35 836 800	28 527 600
应付股利	1 465 220	1 465 220	1 002 910	240 648 000
其他应付款	1 575 490 000	2 261 960 000	844 437 000	1 960 380 000
一年内到期的非流动负债	3 158 430 000	2 682 850 000	3 357 520 000	1 807 950 000
其他流动负债	0	0	0	0
流动负债合计	16 245 900 000	14 848 500 000	13 187 100 000	13 927 600 000
非流动负债				
长期借款	5 798 630 000	6 393 410 000	4 930 130 000	6 809 640 000
应付债券	4 044 330 000	4 164 440 000	4 035 420 000	0
长期应付款	113 872 000	0	0	114 734 000
递延所得税负债	33 371 100	25 972 200	26 029 000	26 247 800
其他非流动负债	49 507 600	45 474 600	46 957 100	47 127 000
非流动负债合计	10 039 700 000	10 629 300 000	9 038 530 000	6 997 750 000
负债合计	26 285 600 000	25 477 800 000	22 225 700 000	20 925 300 000
所有者权益				

续表

报表日期	2013-12-31	2013-06-30	2012-12-31	2012-06-30
实收资本（或股本）	1 032 000 000	1 032 000 000	1 032 000 000	1 032 000 000
资本公积	1 297 280 000	1 298 020 000	1 300 100 000	1 298 180 000
专项储备	81 156 200	100 029 000	79 381 800	97 204 900
盈余公积	478 113 000	447 471 000	448 254 000	407 590 000
未分配利润	3 749 830 000	3 292 610 000	3 145 960 000	2 867 180 000
外币报表折算差额	-38 802.9	-18 921.4	-15 711.9	-14 328.4
归属于母公司股东权益合计	6 638 330 000	6 170 110 000	6 005 680 000	5 702 140 000
少数股东权益	6 096 460 000	5 695 800 000	5 116 710 000	4 416 710 000
所有者权益（或股东权益）合计	12 734 800 000	11 865 900 000	11 122 400 000	10 118 900 000
负债和所有者权益（或股东权益）总计	39 020 400 000	37 343 700 000	33 348 100 000	31 044 200 000

表4-8 甲公司利润表

单位：元

报表日期	2013-12-31	2013-06-30	2012-12-31	2012-06-30
一、营业总收入	13 910 200 000	6 605 890 000	13 508 400 000	5 970 620 000
营业收入	13 910 200 000	6 605 890 000	13 508 400 000	5 970 620 000
二、营业总成本	13 032 000 000	6 192 010 000	12 706 000 000	5 509 220 000
营业成本	9 860 600 000	4 800 150 000	9 645 710 000	4 303 220 000
营业税金及附加	304 781 000	140 328 000	298 357 000	125 966 000
销售费用	819 029 000	434 903 000	724 067 000	383 301 000
管理费用	989 876 000	401 679 000	906 560 000	329 449 000
财务费用	894 790 000	414 971 000	876 524 000	367 880 000
资产减值损失	162 956 000	-15 338.3	254 828 000	-604 456
投资收益	193 182 000	108 392 000	131 016 000	36 740 500
其中：对联营企业和合营企业的投资收益	157 748 000	108 392 000	105 104 000	36 440 500
三、营业利润	1 071 350 000	522 271 000	933 399 000	498 145 000
营业外收入	355 452 000	7 230 630	263 101 000	143 142 000

续表

报表日期	2013-12-31	2013-06-30	2012-12-31	2012-06-30
营业外支出	25 661 000	4 588 670	11 426 700	3 318 750
非流动资产处置损失	9 078 840	307 395	2 513 190	557 359
利润总额	1 401 140 000	524 913 000	1 185 070 000	637 968 000
所得税费用	272 244 000	104 777 000	241 004 000	111 766 000
四、净利润	1 128 900 000	420 136 000	944 069 000	526 202 000
归属于母公司所有者的净利润	736 925 000	249 855 000	626 583 000	307 140 000
少数股东损益	391 973 000	170 282 000	317 486 000	219 061 000
五、每股收益				
基本每股收益	0.71	0.24	0.61	0.3
稀释每股收益	0.71	0.24	0.61	0.3
六、其他综合收益	477 199	−5349.15	−1421.45	884.41
七、综合收益总额	1 129 370 000	420 131 000	944 067 000	526 202 000
归属于母公司所有者的综合收益总额	737 417 000	249 851 000	626 582 000	307 141 000
归属于少数股东的综合收益总额	391 957 000	170 280 000	317 486 000	219 062 000

表 4-9　甲公司现金流量表

单位：元

报告日期	2013-12-31	2013-06-30	2012-12-31	2012-06-30
一、经营活动产生的现金流量：				
销售商品、提供劳务收到的现金	14 729 000 000	6 350 420 000	15 972 300 000	7 719 430 000
收到的税费返还	19 752 700	9 542 540	50 870 900	29 465 900
收到的其他与经营活动有关的现金	526 589 000	31 591 500	477 107 000	68 767 700
经营活动现金流入小计	15 275 400 000	6 391 550 000	16 500 300 000	7 817 670 000
购买商品、接受劳务支付的现金	9 191 030 000	5 587 600 000	8 902 810 000	5 475 840 000
支付给职工以及为职工支付的现金	1 090 560 000	599 945 000	1 112 710 000	579 563 000
支付的各项税费	1 594 370 000	791 094 000	1 721 290 000	689 202 000
支付的其他与经营活动有关的现金	818 577 000	129 006 000	965 627 000	137 582 000
经营活动现金流出小计	12 694 500 000	7 107 640 000	12 702 400 000	6 882 190 000

续表

报告日期	2013-12-31	2013-06-30	2012-12-31	2012-06-30
经营活动产生的现金流量净额	2 580 840 000	-716 091 000	3 797 840 000	935 481 000
二、投资活动产生的现金流量：				
收回投资所收到的现金	2 488 140 000	0	45 000 000	0
取得投资收益所收到的现金	263 950 000	117 319 000	13 680 000	300 000
处置固定资产、无形资产和其他长期资产所收回的现金净额	3 730 270	7 500 830	34 187 000	19 062 500
处置子公司及其他营业单位收到的现金净额	23 379 100	0	0	0
收到的其他与投资活动有关的现金	334 140 000	657 638 000	15 222 200	0
投资活动现金流入小计	3 113 340 000	782 458 000	108 089 000	19 362 500
购建固定资产、无形资产和其他长期资产所支付的现金	2 352 500 000	1 547 130 000	3 370 920 000	1 394 310 000
投资所支付的现金	2 556 770 000	20 162 700	1 047 290 000	0
取得子公司及其他营业单位支付的现金净额	1 055 520 000	0	12 729 800	0
支付的其他与投资活动有关的现金	944 849 000	377 651 000	248 730 000	0
投资活动现金流出小计	6 909 640 000	1 944 950 000	4 679 670 000	1 394 310 000
投资活动产生的现金流量净额	-3 796 300 000	-1 162 490 000	-4 571 580 000	-1 374 950 000
三、筹资活动产生的现金流量：				
吸收投资收到的现金	600 000 000	600 000 000	600 000 000	0
其中：子公司吸收少数股东投资收到的现金	600 000 000	600 000 000	0	0
取得借款收到的现金	14 893 100 000	7 127 980 000	10 417 400 000	7 523 020 000
发行债券收到的现金	0	0	3 991 200 000	0
收到其他与筹资活动有关的现金	2 245 000 000	1 797 790 000	1 796 000 000	2 413 670 000
筹资活动现金流入小计	17 738 100 000	9 525 770 000	16 804 600 000	9 936 690 000
偿还债务支付的现金	12 260 900 000	5 353 740 000	13 484 000 000	8 263 900 000
分配股利、利润或偿付利息所支付的现金	1 543 590 000	750 581 000	1 498 820 000	588 668 000
其中：子公司支付给少数股东的股利、利润	231 532 000	221 304 000	297 143 000	32 508 200

续表

报告日期	2013-12-31	2013-06-30	2012-12-31	2012-06-30
支付其他与筹资活动有关的现金	2 258 560 000	563 190 000	1 807 860 000	1 428 590 000
筹资活动现金流出小计	16 063 000 000	6 667 510 000	16 790 700 000	10 281 200 000
筹资活动产生的现金流量净额	1 675 050 000	2 858 250 000	13 926 000	-344 465 000
附注				
汇率变动对现金及现金等价物的影响	-6 019 320	-1 466 520	-9 214 810	-2 054 460
现金及现金等价物净增加额	453 573 000	978 206 000	-769 029 000	-785 989 000
期初现金及现金等价物余额	1 457 250 000	1 457 250 000	2 226 280 000	2 226 280 000
期末现金及现金等价物余额	1 910 820 000	2 435 460 000	1 457 250 000	1 440 290 000
净利润	1 128 900 000	420 136 000	944 069 000	526 202 000
资产减值准备	162 956 000	-15 338.3	254 828 000	-604 456
固定资产折旧、油气资产折耗、生产性物资折旧	1 072 210 000	540 779 000	1 035 470 000	474 927 000
无形资产摊销	34 660 600	14 416 900	30 424 800	10 422 600
长期待摊费用摊销	19 552 600	10 678 500	18 593 400	10 485 300
处置固定资产、无形资产和其他长期资产的损失	-9 809 770	-830 199	-31 068 000	-2 315 560
财务费用	927 874 000	414 971 000	1 063 020 000	363 880 000
投资损失	-177 698 000	-108 392 000	-119 984 000	-36 740 500
递延所得税资产减少	43 218 100	-2 239 920	-15 740 800	-5 561 510
递延所得税负债增加	-113 726	-56 862.8	-218 726	0
存货的减少	261 927 000	58 743 200	-61 354 400	168 996 000
经营性应收项目的减少	-1 218 240 000	-2 203 600 000	149 896 000	-768 657 000
经营性应付项目的增加	335 407 000	139 321 000	529 912 000	194 448 000
经营活动产生现金流量净额	2 580 840 000	-716 091 000	3 797 840 000	935 481 000
现金的期末余额	1 910 820 000	2 435 460 000	1 457 250 000	1 440 290 000
现金的期初余额	1 457 250 000	1 457 250 000	2 226 280 000	2 226 280 000
现金及现金等价物的净增加额	453 573 000	978 206 000	-769 029 000	-785 989 000

任务要求：结合甲公司会计资料，见表4-7至表4-9，分析甲公司基本财务情况变动并利用数据间的钩稽关系及所学知识，讨论其变动原因（由于难度较大此题可选做）。

项目 5

会计报表指标分析

任务 5-1 偿债能力分析

一、偿债能力分析基础

偿债能力指企业偿还各种到期债务的能力。企业偿债能力的大小,关系到企业的生存和发展,不论是对企业的投资者还是企业的经营管理者、企业的债权人等都十分重要。偿债能力分析,可以帮助我们了解企业的财务状况和承担风险的能力。

不同的利益主体对偿债能力分析有着不同的目的。具体可归纳为:

(1) 对债权人而言,通过偿债能力分析,可以了解企业的财务状况,从而判断其债权收回的保证程度。

(2) 投资者一方面想获取较高的投资收益,另一方面又希望承担较小的投资风险,因此,对投资者而言,通过偿债能力分析,可以帮助他确定投资决策、判断其投入资本的保全程度。

(3) 对经营者而言,通过偿债能力分析,可以帮助其优化融资结构和降低融资成本。

(4) 对政府而言,通过偿债能力分析,可以为其制定宏观调控政策提供依据。

偿债能力分析包括短期偿债能力分析和长期偿债能力分析两个方面。

二、短期偿债能力分析

短期偿债能力指企业偿还短期负债能力,表示企业用其流动资产及时足额偿还流动负债的能力。短期偿债能力是衡量流动资产与流动负债的关系,反映企业当前的财务能力和流动资产的变现能力的重要标志。

企业能否正常生存、发展,很大程度上取决于其短期偿债能力。如果企业的流动资产变现能力差,无力支付到期的短期债务,企业最终可能导致以下结果:①信誉降低;②无法获得有利的进货和折扣机会,供应商将减少甚至拒绝往来;③筹资的渠道受阻,筹资成本提高;④陷入财务危机,为偿债有可能被迫出售固定资产等,甚至导致破产。

衡量短期偿债能力的指标主要有:营运资本、流动比率、速动比率。

(一)营运资本

营运资本指企业流动资产减去流动负债的差额,是用以反映短期偿债能力的一项绝对数指标。其计算公式为:

$$营运资本 = 流动资产 - 流动负债。$$

当流动资产大于流动负债时,营运资本为正数,说明企业的营运资本出现溢余,短期偿债能力强,风险低;反之,当流动资产小于流动负债时,营运资本为负数,说明营运资本出现短缺,企业的短期偿债风险增大。分析时,应将该指标与本年以前年度的数额进行比较,以确定其是否合理。假如发现该指标出现异常偏高或偏低,就应再逐项分析流动资产和流动负债,找出异常的原因。

此外,营运资本指标仅适用于统一企业的不同时期的比较分析,以及相同类型相同规模的企业间的比较分析,不适用于不同类型、不同规模的企业间的比较。

(二)流动比率

流动比率是流动资产与流动负债的比值,用于衡量短期偿债能力的相对数指标,其计算公式为:

$$流动比率 = 流动资产 \div 流动负债。$$

一般认为,生产企业合理的最低流动比率是 2。这是因为流动资产中变现能力最差的存货金额约占流动资产总额的一半,剩下的流动性较大的流动资产至少要等于流动负债,企业短期偿债能力才会有保证。人们长期以来的这种认识因其未能从理论上证明,还不能成为一个统一标准。

运用流动比率进行分析时,要注意以下几个问题:

(1)流动比率高,一般认为偿债保证程度较强,但并不一定有足够的现金或银行存款偿债,因为流动资产除了货币资金以外,还有存货、应收账款、待摊费用等项目,有可能出现虽说流动比率高,但真正用来偿债的现金和存款却严重短缺的现象,所以分析流动比率时,还需进一步分析流动资产的构成项目。

(2)计算出来的流动比率,只有和同行业平均流动比率、本企业历史流动比率进行比较,才能知道这个比率是高还是低。这种比较通常并不能说明流动比率为什么这么高或低,要找出过高或过低的原因还必须分析流动资产和流动负债所包括的内容以及经营上的因素。一般情况下,营业周期、流动资产中的应收账款和存货的周转速度是影响流动比率的主要因素。

(三)速动比率

速动比率(或称酸性测试比率),是企业速动资产与流动负债的比值,用于衡量企业流动资产中可以立即变现偿付流动负债的能力,通常与流动比率指标一起使用,其计算公式如下:

$$速动比率 = 速动资产 \div 流动负债。$$

速动资产是指流动资产减去存货、预付账款、待处理流动资产净损失等变现能力较弱的资产后的余额，包括货币资金、交易性金融资产、应收账款、应收票据、其他应收款等。

在计算速动比率时剔除存货等项目，原因在于：

(1) 存货在流动资产中变现能力最弱，平时出现短缺报废等也可能处理不及时；取得时以实际成本入账，因此其账面价值与市价之间可能相差甚远。

(2) 预付账款、待处理流动资产净损失几乎不具有变现能力。

前述流动比率指标在使用中存在一定的缺陷，例如，当流动比率较高时，如果流动资产中存在大量较难变现的存货等，就会造成偿债能力减弱；相反，虽然流动比率较低，但是如果流动资产中的大部分都可以随时变现，其偿债能力也可能很强。因此，剔除存货等变现能力较弱的资产后所计算出来的速动比率，与流动比率相比，更能反映企业的即期偿还能力。在实务中，由于预付账款等发生数一般较少，为了计算方便，一半仅剔除存货。

不同的利益主体，对速动比率的要求也不太一样。从债权人角度看，速动比率越大越好；从企业经营者角度看，过高的速动比率显得太保守，不能及时地将资金投资于存货等项目，有可能会失去获利机会。

低于1的速动比率被认为企业短期偿债能力偏低，如果速动比率持续下降，将会导致企业破产机会增加，债权人和投资者的风险加大。与流动比率一样，不同行业对速动比率的要求也不尽相同，例如，大量采用现金销售的零售企业，其应收账款很少，所以低于1的速动比率对于这些企业而言是很正常的，因此，应结合行业特点来分析。除了行业因素之外，应收账款的变现能力也是速动比率的重要影响因素，企业计提的坏账准备与实际可能产生的坏账损失数额之间的关系，是影响应收账款实际变现能力的关键。

（四）流动比率与速动比率的联系与区别

流动比率（current ratio，CR）是流动资产对流动负债的比率，用来衡量企业流动资产在短期债务到期以前，可以变为现金用于偿还负债的能力。一般说来，这两个比率越高，说明企业资产的变现能力越强，短期偿债能力亦越强；反之则弱。一般认为流动比率应在2∶1以上，速动比率应在1∶1以上。流动比率2∶1，表示流动资产是流动负债的两倍，即使流动资产有一半在短期内不能变现，也能保证全部的流动负债得到偿还；速动比率1∶1，表示现金等具有即时变现能力的速动资产与流动负债相等，可以随时偿付全部流动负债。当然，不同行业经营情况不同，其流动比率和速动比率的正常标准会有所不同。应当说明的是，这两个比率并非越高越好。流动比率过高，即流动资产相对于流动负债太多，可能是存货积压，也可能是持有现金太多，或者两者兼而有之；速动比率过高，即速动资产相对于流动负债太多,说明现金持有太多。企业的存货积压,说明企业经营不善,存货可能存在问题;现金持有太多,说明企业不善理财,资金利用效率低下。

请根据提供资料分析企业短期偿债能力见表 5-1 至表 5-3。

表 5-1　乙公司 2011—2013 年资产负债表

单位:万元

报表日期	2013-12-31	2012-12-31	2011-12-31
流动资产			
货币资金	75 555.50	81 250.60	114 680.00
应收票据	267 993.00	260 596.00	217 278.00
应收账款	75 348.70	65 087.70	26 986.00
预付款项	6 988.27	17 184.40	17 321.20
其他应收款	4 079.17	6 092.18	4 963.20
存货	17 205.30	22 928.60	30 389.10
一年内到期的非流动资产	3 000.00	18 000.00	2 250.00
其他流动资产	0.00	0.00	40 000.00
流动资产合计	450 170.00	471 140.00	453 868.00
非流动资产			
长期应收款	3 000.00	6 000.00	3 000.00
长期股权投资	75 661.90	74 105.60	35 928.50
固定资产原值	1 127 930.00	1 017 600.00	943 401.00
累计折旧	589 983.00	543 691.00	468 140.00
固定资产净值	537 950.00	473 911.00	475 261.00
固定资产减值准备	2 243.19	2 243.19	2 243.19
固定资产净额	535 706.00	471 668.00	473 018.00
在建工程	184 865.00	221 452.00	106 712.00
工程物资	1 165.45	1 033.67	812.45
无形资产	131 217.00	134 829.00	141 522.00
递延所得税资产	13 004.30	16 217.40	7 579.71
非流动资产合计	944 620.00	925 306.00	768 573.00
资产总计	1 394 790.00	1 396 450.00	1 222 440.00
流动负债			
短期借款	141 650.00	29 996.20	5 000.00
应付票据	35 122.30	48 999.80	20 362.20

续表

报表日期	2013-12-31	2012-12-31	2011-12-31
应付账款	123 518.00	115 291.00	101 672.00
预收款项	19 134.70	8 199.37	4 147.12
应付职工薪酬	28 621.90	35 323.10	31 965.30
应交税费	22 115.80	32 560.20	31 225.40
其他应付款	49 765.90	37 126.60	26 898.90
一年内到期的非流动负债	46 336.80	78 726.40	27 400.00
流动负债合计	466 265.00	386 222.00	248 671.00
非流动负债			
长期借款	117 900.00	124 600.00	166 000.00
长期应付款	24 686.60	42 178.40	43 323.00
专项应付款	13 759.20	19 636.00	15 181.70
其他非流动负债	480.71	186.35	1 458.97
非流动负债合计	156 827.00	186 601.00	225 964.00
负债合计	623 092.00	572 823.00	474 635.00
所有者权益			
实收资本（或股本）	165 505.00	165 505.00	110 337.00
资本公积	233 941.00	233 941.00	288 745.00
专项储备	25 308.40	38 019.10	27 981.00
盈余公积	74 139.60	68 375.60	54 109.70
未分配利润	222 826.00	255 088.00	212 783.00
归属于母公司股东权益合计	721 720.00	760 929.00	693 955.00
少数股东权益	49 978.40	62 693.50	53 850.00
所有者权益（或股东权益）合计	771 698.00	823 623.00	747 805.00
负债和所有者权益（或股东权益）总计	1 394 790.00	1 396 450.00	1 222 440.00

表 5-2　乙公司 2011—2013 年的流动比率

单位：万元

年份 指标	2013	2012	2011
流动资产	450 170.00	471 140.00	453 868.00
流动负债	466 265.00	386 222.00	248 671.00
流动比率	0.97	1.22	1.83

表 5-3　乙公司 2011—2013 年的速动比率

单位：万元

年份 指标	2013 年	2012 年	2011 年
速动资产	432 964.70	448 211.40	423 478.90
流动负债	466 265.00	386 222.00	248 671.00
速动比率	0.93	1.16	1.70

请各小组根据相关指标与数据，运用比率、比较等分析方法，结合企业基本财务变化情况，讨论该企业的短期偿债能力，将成果以 Word 或 PPT 形式展现。

三、长期偿债能力

长期偿债能力是指企业对债务的承担能力和对偿还债务的保障能力。长期偿债能力的强弱是反映企业财务安全和稳定程度的重要标志。

（一）长期偿债能力分析的目的

从企业投资者的角度看：企业的投资者包括企业的所有者和潜在投资者，投资者通过长期偿债能力分析，可以判断其投资的安全性及营利性，因为投资的安全性与企业的偿债能力密切相关。通常，企业的偿债能力越强，投资者的安全性越高。在这种情况下，企业不需要通过变卖财产偿还债务。另外，投资的营利性与企业的长期偿债能力密切相关。在投资收益率大于借入资金的资金成本率时，企业适度负债，不仅可以降低财务风险，还可以利用财务杠杆的作用，增加盈利。盈利能力是投资者资本保值增值的关键。

从企业债权人的角度看：企业的债权人包括向企业提供贷款的银行、其他金融机构以及购买企业债券的单位和个人。债权人更会从他们的切身利益出发来研究企业的偿债能力，只有企业有较强的偿债能力，才能使他们的债权及时收回，并能按期取得利息。由于债权人的收益是固定的，他们更加关注企业债权的安全性。实际工作中，债权人的安全程度与企业长期偿债能力密切相关。企业偿债能力越强，债权人的安全程度也就越高。

从企业经营者的角度看：企业经营者主要是指企业经理及其他高级管理人员。他们进行财务分析的目的是综合的、全面的。他们既关心企业的盈利，也关心企业的风险，与其他主体最为不同的是，他们特别需要关心盈利、风险产生的原因和过程。因为只有通过原因和过程的分析，才能及时发现融资活动中存在的问题和不足，并采取有效措施解决这些问题。因此，企业经营者进行分析的目的有以下几个方面。

1. 了解企业的财务状况，优化资本结构

企业偿债能力的强弱是反映企业财务状况的重要标志。资本结构不同，企业的长期偿债能力也不同。同时，不同的资本结构，其资金成本也有差异，进而会影响企业价值。通过长期偿债能力的分析，可以揭示企业资本结构中存在的问题，及时加以调整，进而优化资本结构，提高企业价值。

2. 揭示企业所承担的财务风险程度

财务风险是由于负债融资引起的权益资本收益的变动性及到期不能偿还债务本息而破产的可能性。企业所承担的财务风险与负债筹资直接相关，不同的融资方式和融资结构会对企业形成不同的财务风险，进而影响企业的总风险。负债必须按期归还，而且要支付利息。任何企业只要通过举债筹集资金，就等于承担了一项契约性质的责任或义务，不管企业的经营是盈是亏，其义务必须履行。这就是说，当企业举债时，就可能会出现债务到期不能按时偿付的可能，这就是财务风险的实质所在。而且，企业的负债比率越高，到期不能按时偿付的可能性越大，企业所承担的财务风险越大。如果企业有足够的现金或随时可以变现的资产，即企业偿债能力强时，其财务风险就相对较小；反之，则财务风险就较高。

3. 预测企业筹资前景

企业生产经营所需资金，通常需要从各种渠道，以各种方式取得。当企业偿债能力强时，说明企业财务状况较好，信誉较高，债权人就愿意将资金借给企业。否则，企业就很难从债权人那里筹集到资金。因此，在企业偿债能力较弱时，企业筹资前景不容乐观。如果企业愿以较高的代价筹资，其结果会使企业承担更高的财务风险。

4. 为企业进行各种理财活动提供重要参考

企业的理财活动集中表现在筹资、用资和资金分配三个方面。企业在什么时候取得资金，其数额多少，取决于生产经营活动的需要，也包括偿还债务的需要。如果企业偿债能力较强，则可能表明企业有充裕的现金或其他能随时变现的资产，在这种情况下，企业就可以利用暂时闲置的资金进行其他投资活动，以提高资产的利用效果。反之，如果企业偿债能力不强，特别是近期内有需要偿付的债务时，企业就必须及早地筹措资金，以便在债务到期时能够偿付，使企业信誉得以维护。

（二）衡量企业长期偿债能力的指标

衡量企业长期偿债能力的指标有：资产负债表、利息保障倍数、产权比率等。

1. 资产负债率

资产负债率是负债总额和资产总额之比值，表明债权人所提供的资金占企业全部资产的比重，揭示企业出资者对债权人债务的保障程度，因此该指标是分析企业长期偿债能力的重要指标。其计算公式为：

$$资产负债率 = 负债总额 \div 资产总额 \times 100\%。$$

资产负债率保持在哪个水平才说明企业拥有长期偿债能力,不同的债权人有不同的意见。较高的资产负债率,在效益较好、资金流转稳定的企业是可以接受的,因这种企业具备偿还债务本息的能力;在盈利状况不稳定或经营管理水平不稳定的企业,则说明企业没有偿还债务的保障,不稳定的经营收益难以保证按期支付固定的利息,企业的长期偿债能力较低。作为企业经营者,也应当寻求资产负债率的适当比值,既要能保持长期偿债能力,又要最大限度地利用外部资金。

一般认为,债权人投入企业的资金不应高于企业所有者投入企业的资金。如果债权人投入企业的资金比所有者多,则意味着收益固定的债权人却承担了企业较大的风险,而收益随经营好坏而变化的企业所有者却承担着较少的风险。

目前我国企业的资产负债率较高,主要原因是企业拥有的营运资本不足,流动负债过高。这一方面是因为企业在进行长期建设项目投资时,超预算过多,原来计划投入的营运资本被长期投资项目占用,生产经营资金需要无保证;另一方面是企业普遍不重视资金结构的合理性和资金之间的平衡关系,导致不可预见的相互拖欠货款现象严重(三角债)。这种状况在执法不严、破产难的情况下较难扼制,形成目前普遍较高的资产负债水平。

2. 利息保障倍数

利息保障倍数(或称已获利息倍数),是企业息税前利润与利息费用的比值,表示企业息税前利润为所需支付债务利息的多少倍,用于衡量企业偿付借款利息的能力,其计算公式为:

$$利息保障倍数 = 息税前利润 \div 利息费用。$$

公式中,"息税前利润"指利润表中未扣除利息费用和所得税费用之前的利润,即"利润总额+利息费用",或"净利润+所得税费用+利息费用"。"利息费用"指财务费用中的利息支出和固定资产成本中的资本化利息。由于利润表中利息费用反映在财务费用项目内,因此,外部报表使用者可以用"财务费用"来估计。在计算时还应注意,公式中的息税前利润指标指扣除债务利息及所得税前的企业业务经营利润,它不包括非常项目、中断或停止经营项目、会计方法变更的累计前期影响、合并会计报表中子公司的少数股东权益收益(损失)及非合并子公司的权益收益(损失)(获得现金股利的权益收益除外)。利息保障倍数指标越高,说明企业支付利息费用的能力越强;反之,企业支付利息费用的能力就越弱。

当该指标小于1时,企业必须动用自有资金支付利息支出,当该指标等于1时,企业利用贷款创造的收益将全部用于支付利息费用;当该指标大于1时,企业利用贷款创造的收益除了支付利息费用外还有剩余。通常,从长期来看,利息保障倍数指标至少应不低于1,但是,由于折旧等费用在短期内不需要付现,所以短期内利息保障倍数小于1也可能不会影特别说明。利息保障倍数是利用利润表分析企业长期偿债能力的主要指标,将其列入本小节,主要是为了集中介绍长期偿债能力分析。

3. 产权比率

产权比率的计算公式为:产权比率 = 负债总额 ÷ 股东权益 × 100%。

产权比率反映债权人与股东提供的资本的相对比例。反映企业的资本结构是否合理、稳定。同时也表明债权人投入资本受到股东权益的保障程度。一般说来,产权比率高是高风险、高报酬的财务结构,产权比率低,是低风险、低报酬的财务结构。从股东来说,在通货膨胀时期,企业举债,可以将损失和风险转移给债权人;在经济繁荣时期,举债经营可以获得额外的利润;在经济萎缩时期,少借债可以减少利息负担和财务风险。产权比率越高,说明企业偿还长期债务的能力越弱;产权比率越低,说明企业偿还长期债务的能力越强。

请根据提供资料分析企业长期偿债能力,见表 5-4 至表 5-6。

表 5-4 乙公司 2011—2013 年资产负债表

单位:万元

报表日期	2013-12-31	2012-12-31	2011-12-31
流动资产			
货币资金	75 555.50	81 250.60	114 680.00
应收票据	267 993.00	2 60 596.00	217 278.00
应收账款	75 348.70	65 087.70	26 986.00
预付款项	6 988.27	17 184.40	17 321.20
其他应收款	4 079.17	6 092.18	4 963.20
存货	17 205.30	22 928.60	30 389.10
一年内到期的非流动资产	3 000.00	18 000.00	2 250.00
其他流动资产	0.00	0.00	40 000.00
流动资产合计	450 170.00	471 140.00	453 868.00
非流动资产			
长期应收款	3 000.00	6 000.00	3 000.00
长期股权投资	75 661.90	74 105.60	35 928.50
固定资产原值	1 127 930.00	1 017 600.00	943 401.00
累计折旧	589 983.00	543 691.00	468 140.00
固定资产净值	537 950.00	473 911.00	475 261.00
固定资产减值准备	2 243.19	2 243.19	2 243.19
固定资产净额	535 706.00	471 668.00	473 018.00

续表

报表日期	2013-12-31	2012-12-31	2011-12-31
在建工程	184 865.00	221 452.00	106 712.00
工程物资	1 165.45	1 033.67	812.45
无形资产	131 217.00	134 829.00	141 522.00
递延所得税资产	13 004.30	16 217.40	7 579.71
非流动资产合计	944 620.00	925 306.00	768 573.00
资产总计	1 394 790.00	1 396 450.00	1 222 440.00
流动负债			
短期借款	141 650.00	29 996.20	5 000.00
应付票据	35 122.30	48 999.80	20 362.20
应付账款	123 518.00	115 291.00	101 672.00
预收款项	19 134.70	8 199.37	4 147.12
应付职工薪酬	28 621.90	35 323.10	31 965.30
应交税费	22 115.80	32 560.20	31 225.40
其他应付款	49 765.90	37 126.60	26 898.90
一年内到期的非流动负债	46 336.80	78 726.40	27 400.00
流动负债合计	466 265.00	386 222.00	248 671.00
非流动负债			
长期借款	117 900.00	124 600.00	166 000.00
长期应付款	24 686.60	42 178.40	43 323.00
专项应付款	13 759.20	19 636.00	15 181.70
其他非流动负债	480.71	186.35	1 458.97
非流动负债合计	156 827.00	186 601.00	225 964.00
负债合计	623 092.00	572 823.00	474 635.00
所有者权益			
实收资本（或股本）	165 505.00	165 505.00	110 337.00
资本公积	233 941.00	233 941.00	288 745.00
专项储备	25 308.40	38 019.10	27 981.00
盈余公积	74 139.60	68 375.60	54 109.70
未分配利润	222 826.00	255 088.00	212 783.00
归属于母公司股东权益合计	721 720.00	760 929.00	693 955.00

续表

报表日期	2013-12-31	2012-12-31	2011-12-31
少数股东权益	49 978.40	62 693.50	53 850.00
所有者权益（或股东权益）合计	771 698.00	823 623.00	747 805.00
负债和所有者权益（或股东权益）总计	1 394 790.00	1 396 450.00	1 222 440.00

表 5-5　乙公司 2011—2013 年的资产负债率

单位：万元

年份　指标	2013 年	2012 年	2011 年
负债总额	623 092.00	572 823.00	474 635.00
资产总额	1 394 790.00	1 396 450.00	1 222 440.00
资产负债率（%）	44.67	41.01	38.82

表 5-6　乙公司 2011—2013 年的产权比率

单位：万元

年份　指标	2013 年	2012 年	2011 年
负债总额	623 092.00	572 823.00	474 635.00
所有者权益总额	771 698.00	823 623.00	747 805.00
产权比率（%）	80.74	69.54	63.47

请各小组根据相关指标与数据，运用比率、比较等分析方法，结合企业基本财务变化情况，讨论该企业的长期偿债能力，将成果以 Word 或 PPT 形式展现。

任务 5-2　资产运用效率分析

企业营运能力包括资产运用效率和效益两个方面。资产运用效率通常指资产的周转速度，利用营业收入与各项营运资产的比例关系，反映企业资产运用和管理能力的高低。

资产运用效率分析指标主要有应收账款周转率、存货周转率、固定资产周转率等。

一、应收账款周转率

应收账款周转率指企业一定时期内赊销收入净额与应收账款平均余额的比率,表示应收账款在一定时期内(通常为一年)的周转次数,反映应收账款的周转速度,用于衡量企业应收账款的质量与管理效率的高低,其计算公式为:

应收账款周转率(次数)=赊销收入净额÷应收账款平均余额。

公式中:

赊销收入净额=主营业务收入-现销收入;

应收账款平均余额=(期初应收账款+期末应收账款)÷2。

应收账款周转率也可以用周转天数来表示。应收账款周转天数也称应收账款账龄,其计算公式为:

应收账款周转天数=计算期天数÷应收账款周转率(次数)
=(应收账款平均余额×计算期天数)÷赊销收入净额。

其中,计算期天数一般为一年,并按360天计算。

计算分析时还应注意:

(1)外部信息使用者分析时,一般用营业收入替代"赊销收入净额";

(2)应收账款数额包括资产负债表中"应收账款"和"应收票据"等全部赊销项目扣除"坏账准备"后的净额;

(3)有条件的分析者最好用月度应收账款平均余额计算,以免造成应收账款周转率的虚增或虚减。

一般来说,应收账款周转率越高,其周转次数就越多,表明企业的应收账速度快,经营管理的效率高,短期偿债能力和支付日常开支能力强,同时还可以有效地减少收款费用和坏账损失,相对增加企业流动资产的收益。反之,应收账款周转率较低,其周转次数就较少,意味着企业过度扩张信用或收账效率低,回收欠款速度慢,短期偿债能力存在问题。如果发现该指标较低,企业除了应注意加强应收账款的管理和催收工作外,还应重新评价客户的信用度,重新考察企业现性信用政策的合理性。

评价应收账款周转率的好坏,应结合本企业的经营特点,并将该指标与本企业前期指标、行业平均水平等相比较再下结论。在实际工作当中,可以通过计算连续若干年的应收账款周转率指标来得出比较准确的分析结果。

二、存货周转率

存货周转率是一定时期的营业成本与存货平均余额的比率,表示存货在一定时期内(通常为一年)的周转次数,用于反映存货周转速度、存货规模是否合理和资产流动性强弱,衡量企业生产经营各环节中存货的营运效率,其计算公式为:

存货周转率(次数)=营业成本÷存货平均余额。

公式中：

$$存货平均余额 = （期初存货余额 + 期末存货余额）\div 2。$$

存货周转率也可以用周转天数来表示，其计算公式为：

$$存货周转天数 = 计算期天数 \div 存货周转率（次数）$$
$$= （存货平均余额 \times 计算期天数）\div 营业成本。$$

其中，计算期天数通常为一年，按 360 天计算。

存货周转率越高，其周转次数就越多，表明存货变现速度越快，企业的经营管理效率就越高，资产流动性也越强，若不受其他因素的影响，企业的盈利水平也必然得到提高，反之存货周转率越低，其周转次数就越少，表明存货变现速度越慢，存货占用资金越多，企业存货的管理效率就越低，盈利水平也相应地降低。

但是，存货周转率也不是越高越好，过高的存货周转率，例如企业存货资金投入过少，或企业在存货成本不变的情况下提高销售价格，有可能导致存货不足或缺货，造成生产线停工待料或失去销售良机。

存货周转率是否合适，应与本行业平均水平，先进水平和本企业前期水平进行比较，并尽可能结合存货的批量因素、季节性变化因素等情况，才能做出正确的评价。存货周转率还可以从其构成内容出发，进一步计算原材料、在产品、产成品等存款项目的周转率，从不同角度、各个环节上找出存货管理中的问题。

三、固定资产周转率

固定资产周转率是企业一定时期营业收入与固定资产平均净值的比率，表示固定资产在一定时期内（通常为一年）的周转次数，用以反映固定资产运用情况，衡量固定资产的利用比率，其计算公式为：

$$固定资产周转率（次数）= 营业收入 \div 固定资产平均净值。$$

公式中：

$$固定资产平均净值 = （期初固定资产净值 + 期末固定资产净值）\div 2。$$

固定资产周转率也可以用天数表示，其计算公式为：

$$固定资产周转天数 = 计算期天数 \div 固定资产周转率。$$

其中，计算期天数一般为一年，按 360 天。

固定资产周转率越高，表明固定资产利用越充分，说明固定资产投资得当、结构分布合理，能够充分地发挥其使用效率，企业的营运能力好。反之，固定资产周转率越低，表明固定资产使用效率不高，固定资产投入不当，结构分布不合理，企业的营运能力较差。

应注意的是，由于固定资产按历史成本入账，所以即使固定资产、销售量都不变的情况下，也可能由于物价上涨等因素而导致营业收入增加，从而提高了固定资产周转率，但这并不能说明企业的固定资产利用效率的提高。

固定资产很难找到品种、规格、数量、新旧程度均相似的参照物，因此，固定资产周转率也就没有标准比值，分析时最好与本企业前期指标相比较。

此外，不同企业的固定资产不尽相同，即使是同样的固定资产，由于各企业采用的折旧方法和折旧年限的不同，也会导致不同的固定资产账面价值，从而造成各该指标的人为差别，影响指标之间的可比性。分析时，应统一口径，剔除不可比因素。

请根据提供资料分析企业资产运用效率，见表5-7至表5-10。

表5-7 H公司2011—2013年资产负债表

单位：元

报表日期	2013-12-31	2012-12-31	2011-12-31
流动资产			
货币资金	21 021 000 000	24 923 400 000	35 346 800 000
应收票据	4 626 760 000	3 218 910 000	2 423 310 000
应收账款	8 268 720 000	8 174 840 000	5 379 450 000
预付款项	2 166 260 000	2 810 200 000	2 103 550 000
应收利息	247 680 000	232 983 000	316 371 000
应收股利	28 194 000	28 094 000	28 611 000
其他应收款	3 330 770 000	3 113 280 000	2 583 060 000
存货	6 806 490 000	6 697 170 000	7 318 710 000
一年内到期的非流动资产	102 000 000	124 894 000	524 894 000
其他流动资产	1 129 940 000	57 532 000	86 718 000
流动资产合计	47 727 800 000	49 381 400 000	56 111 500 000
非流动资产			
可供出售金融资产	12 397 000	35 948 000	14 463 000
长期应收款	40 274 000	137 304 000	114 713 000
长期股权投资	12 134 000 000	10 586 000 000	8 931 950 000
投资性房地产	44 352 000	45 973 000	29 912 000
固定资产原值	81 225 200 000	65 068 000 000	49 667 900 000
累计折旧	28 522 600 000	24 288 000 000	20 318 700 000
固定资产净值	52 702 600 000	40 780 000 000	29 349 300 000
固定资产减值准备	227 101 000	235 743 000	138 908 000
固定资产净额	52 475 500 000	40 544 300 000	29 210 400 000

续表

报表日期	2013-12-31	2012-12-31	2011-12-31
在建工程	55 393 000 000	42 667 900 000	28 696 700 000
工程物资	348 725 000	233 435 000	134 123 000
无形资产	36 731 500 000	36 133 800 000	31 345 100 000
长期待摊费用	83 196 000	24 796 000	58 101 000
递延所得税资产	636 902 000	546 930 000	885 193 000
其他非流动资产	9 315 950 000	3 526 100 000	2 990 360 000
流动负债			
短期借款	6 776 190 000	5 130 350 000	1 824 700 000
应付票据	2 809 520 000	1 473 410 000	760 718 000
应付账款	19 821 500 000	14 628 100 000	10 156 300 000
预收款项	1 644 440 000	2 130 320 000	2 491 310 000
应付职工薪酬	698 246 000	570 443 000	638 118 000
应交税费	1 978 110 000	2 347 280 000	3 640 640 000
应付利息	644 287 000	424 779 000	337 225 000
应付股利	382 680 000	383 037 000	8794 000
其他应付款	5 198 830 000	5 627 360 000	8 122 930 000
一年内到期的非流动负债	3 544 020 000	1 411 010 000	798 449 000
流动负债合计	43 497 900 000	34 126 100 000	28 779 200 000
非流动负债			
长期借款	29 774 800 000	20 170 900 000	11 456 000 000
应付债券	29 868 100 000	19 906 400 000	14 955 000 000
长期应付款	734 380 000	861 575 000	172 719 000
专项应付款	239 885 000	227 145 000	200 781 000
预计非流动负债	1 154 700 000	1 137 270 000	1 086 380 000
递延所得税负债	6 639 790 000	6 382 410 000	6 263 540 000
非流动负债合计	68 773 500 000	49 024 300 000	34 425 600 000
所有者权益			
实收资本（或股本）	13 258 700 000	13 258 700 000	13 258 700 000
资本公积	37 371 600 000	37 271 900 000	38 183 200 000
库存股	0	0	0

续表

报表日期	2013-12-31	2012-12-31	2011-12-31
专项储备	2 866 860 000	2 547 690 000	3 355 490 000
盈余公积	3 992 820 000	3 742 510 000	2 654 900 000
未分配利润	29 984 100 000	29 312 000 000	23 762 700 000
外币报表折算差额	−47 245 000	−31 124 000	−34 335 000
归属于母公司股东权益合计	87 426 800 000	86 101 600 000	81 180 600 000
少数股东权益	15 245 500 000	14 611 800 000	14 137 100 000

表 5-8　H 公司 2011—2013 年的应收账款周转率

单位：万元

年份　　　　　指标	2013 年	2012 年	2011 年
当期销售净收入	8 231 650.00	8 729 170.00	8 887 240.00
期初应收账款余额	817 484.00	537 945.00	457 415.00
期末应收账款余额	826 872.00	817 484.00	537 945.00
应收账款周转率（次）	10.01	12.88	17.86

表 5-9　H 公司 2011—2013 年的固定资产周转率

单位：万元

年份　　　　　指标	2013 年	2012 年	2011 年
销售收入	8 231 650.00	8 729 170.00	8 887 240.00
平均固定资产净值	4 674 130.00	3 506 465.00	2 891 950.00
固定资产周转率（次）	1.76	2.49	3.07

表 5-10　H 公司 2011—2013 年的存货周转率

单位：万元

年份　　　　　指标	2013 年	2012 年	2011 年
销售成本	5 614 200.00	5 571 570.00	5 899 710.00
平均存货余额	675 183.00	700 794.00	676 689.00
存货周转率（次）	8.32	7.95	8.72

请各小组根据相关指标与数据，运用比率、比较等分析方法，结合企业基本财务变化情况，讨论该企业的资产运用效率即周转能力，将成果以 Word 或 PPT 形式展现。

任务 5-3 盈利能力分析

一、与收入、成本费用有关的利润率指标

1. 营业收入利润率

营业收入利润率是营业利润与营业收入之间的比率，计算公式为：

$$营业收入利润 = 营业利润 \div 营业收入 \times 100\%。$$

该指标表示每百元营业收入带来的营业利润的多少，用以衡量企业营业收入的收益水平。从公式可以看到，企业在增加营业收入额的同时，必须相应地获得更多的营业利润，才能使营业收入利润率保持不变或有所提高。因此，通过营业收入利润率的变动分析，可以促使企业在扩大营业收入的同时，注意改进经营管理，提高盈利水平。

2. 营业收入毛利率

营业收入毛利率是营业收入与营业成本的差额与营业收入的比率，计算公式为：

$$营业收入毛利率 = （营业收入 - 营业成本） \div 营业收入 \times 100\%。$$

营业收入毛利率表示每百元营业收入扣除营业成本后，有多少剩余可以用于各项期间费用并形成利润。它反映企业营业活动流转额的初始获利能力，单位收入的毛利越高，抵补各项期间费用的能力就越强，企业的获利能力也就越高。通过该指标与同行业的对比，可以了解企业在同行业中的地位，并且能够发现企业在产品定价、成本控制等方面存在的问题。

营业收入毛利率指标存在较明显的行业特点，因此，分析时除了与本企业的目标值、前期指标相比较之外，还应与同行业平均或先进水平相比较，才能做出比较合理的评价。一般来说，营业周期短、固定费用低的行业，其毛利率水平也较低，例如商品零售行业；相反，营业周期长、固定费用高的行业，其毛利率也较高，如重工业行业。

3. 成本费用利润率

成本费用利润率是营业利润与营业费用总额的比率，营业费用总额包括营业成本、营业税金及附加、期间费用（销售费用、管理费用、财务费用）、资产减值损失。其计算公式为：

$$成本费用利润率 = 营业利润 \div 营业费用 \times 100\%$$
$$= 营业利润 \div (营业成本 + 营业税金及附加 + 销售费用 + 管理费用 + 财务费用 + 资产减值损失) \times 100\%。$$

二、与资产有关的利润率指标

1. 总资产报酬率

总资产报酬率是息税前利润与平均总资产的比率，反映企业资产利用的综合效果，用于平衡企业运用全部资产盈利的能力，计算公式为：

$$总资产报酬率 = (利润总额 + 利息支出) \div 总资产平均余额 \times 100\%。 \quad (1)$$

公式（1）中，总资产平均余额 =（期初资产总额 + 期末资产总额）÷ 2。

总资产报酬率越高越好，该指标越高，说明企业资产的运用效率越高，利用资产创造的利润越多，说明企业在增加收入和节约资金使用等方面取得了良好的效果。反之，该指标越低，说明企业资产的利用效率不高，企业的盈利能力较差，财务管理水平也较低。

上述公式还可做进一步分解：

$$总资产报酬率 = (营业收入 \div 总资产平均余额) \times [(利润总额 + 利息支出) \div 营业收入] \quad (2)$$

从公式（2）可以看到，影响总资产报酬率的因素有总资产周转率和营业收入息税前利润率，前者是反映企业总资产营运能力的指标，用以衡量企业全部资产的管理质量和利用效率，后者是反映企业商品生产经营的盈利能量指标。

公式（1）的分子也可以用税后净利润表示，成为资产净利率指标，即：

$$资产净利率 = (净利润 \div 总资产平均余额) \times 100\%。$$

2. 净资产收益率

净资产收益率（或股东权益报酬率，所有者权益报酬率，净值报酬率），指净利润与平均净资产的比率，是反映企业盈利能力的核心指标，表明企业所有者权益的收益水平，计算公式为：

$$净资产收益率 = 净利润 \div 平均净资产 \times 100\%。$$

净资产（所有者权益）是企业资产减去负债后的余额，包括实收资本、资本公积、盈余公积和未分配利润。

公式中：

$$平均净资产 = (期初净资产 + 期末净资产) \div 2。$$

净资产收益率是杜邦分析系统的核心，它从所有者权益角度考核其盈利能力，最能体现企业的经营活动的最终成果，是企业价值最大化的基本保证。该指标值越高，说明投资者投入资本带来的收益越高。

该指标的高低受制于资产报酬率和资产负债率两因素，可用公式表示如下：

$$净资产收益率 = 资产报酬率 \div (1 - 资产负债率)。$$

利用净资产收益率分析时，应将该指标与银行存款利率、利润分配率相比较，并结合净利润的构成进行分析。

三、与上市公司有关的利润率指标

1. 基本每股收益

基本每股收益是指归属于普通股股东的当期净利润扣除应发放的优先股股利后的余额与发行在外的普通股加权平均数之比值，计算公式为：

$$基本每股收益 = (净利润 - 优先股股利) \div 发行在外的普通股加权平均数（流通股数）。$$

每股收益指标比值越大，表明上市公司的盈利能力越强，股东的投资收益越好；反之，盈利能力较弱，股东的投资收益就越差。

2. 稀释每股收益

稀释每股收益，是指企业存在稀释性潜在普通股时，应当根据其影响分别调整归属于普通股股东的当期净利润和发行在外的普通股的加权平均股数，然后再根据调整后的归属于普通股股东的当期净利润除以发行在外的普通股的加权平均股数的比值。

3. 市盈率

市盈率（或价格与收益比率）是普通股每股市价与每股收益的比率，表示普通股票的市场价格与当期每股收益之间的关系，即投资者对每元收益所愿意支付的价格，用于衡量投资者和市场对公司的评价和对公司长远发展的信心。

计算公式为：

$$市盈率 = 普通股每股市价 \div 普通股每股收益。$$

理论上讲，市盈率越低的股票越具有投资价值。一般情况下，该指标越高，说明企业的发展前景越好。但是，应该注意的是，股票价格是影响市盈率变动的因素之一，而股票价格本身也受很多较复杂的因素的影响，所以在分析时应有全面的了解才能做出正确的评价。

请根据提供资料分析企业资产运用效率，见表 5–11 至表 5–14。

表 5–11　Y 公司 2011—2013 年利润表

单位：万元

报表日期	2013-12-31	2012-12-31	2011-12-31
一、营业总收入	8 231 650.00	8 729 170.00	8 887 240.00
营业收入	8 231 650.00	8 729 170.00	8 887 240.00

续表

报表日期	2013-12-31	2012-12-31	2011-12-31
二、营业总成本	7 651 050.00	7 405 880.00	7 569 870.00
营业成本	5 614 200.00	5 571 570.00	5 899 710.00
营业税金及附加	129 381.00	137 163.00	136 398.00
销售费用	1 378 760.00	1 221 710.00	1 046 380.00
管理费用	442 037.00	426 646.00	461 186.00
财务费用	62 976.70	25 400.40	17 665.60
资产减值损失	23 695.70	23 396.80	8 529.20
公允价值变动收益	0	0	0
投资收益	8 512.40	7 391.70	30 380.30
其中：对联营企业和合营企业的投资收益	9 373.60	10 219.90	29 475.50
三、营业利润	589 114.00	1 330 670.00	1 347 750.00
营业外收入	17 228.10	29 325.90	13 730.60
营业外支出	4 191.30	18 802.90	5 238.20
非流动资产处置损失	410.2	7 845.50	1 808.30
利润总额	602 151.00	1 341 200.00	1 356 250.00
所得税费用	172 577.00	340 203.00	325 709.00
四、净利润	429 574.00	1 000 990.00	1 030 540.00
归属于母公司所有者的净利润	357 560.00	928 127.00	950 382.00
少数股东损益	72 013.70	72 866.90	80 154.90
五、每股收益			
基本每股收益	0.27（元）	0.70（元）	0.72（元）
稀释每股收益	0.27（元）	0.70（元）	0.72（元）
六、其他综合收益	−1 878.40	432.5	−786.2
七、综合收益总额	427 695.00	1 001 430.00	1 029 750.00
归属于母公司所有者的综合收益总额	355 682.00	928 560.00	949 596.00
归属于少数股东的综合收益总额	72 013.70	72 866.90	80 154.90

表 5-12　Y 公司 2011—2013 年的总资产利润率

单位：万元

年份 指标	2013 年	2012 年	2011 年
利润总额	602 151.00	1 341 200.00	1 356 250.00
资产平均总额	19 940 400.00	17 119 350.00	13 966 900.00
总资产利润率（%）	3.02	7.83	9.71

表 5-13　Y 公司 2011—2013 年的成本费用利润率

单位：万元

年份 指标	2013 年	2012 年	2011 年
利润总额	602 151.00	1 341 200.00	1 356 250.00
成本费用总额	7 651 050.00	7 405 880.00	7 569 870.00
成本费用利润率（%）	7.87	18.11	17.91

表 5-14　Y 公司 2011—2013 年的销售毛利率

单位：万元

年份 指标	2013 年	2012 年	2011 年
主营业务收入	8 231 650.00	8 729 170.00	8 887 240.00
主营业务成本	5 614 200.00	5 571 570.00	5 899 710.00
销售毛利率（%）	31.80	36.17	33.62

请各小组根据相关指标与数据，运用比率、比较等分析方法，结合企业基本财务变化情况，讨论该企业的盈利能力，将成果以 Word 或 PPT 形式展现。

课后任务

根据 M 公司资产负债表（表 5-15）和利润表（表 5-16），计算并分析相关财务指标（表 5-17 至表 5-26）。

表 5-15　M 公司 2011—2013 年资产负债表

单位：万元

报表日期	2013-12-31	2012-12-31	2011-12-31
流动资产			
货币资金	8 983.90	3 861.12	10 749.50
应收票据	19 271.30	14 623.00	4 280.75
应收账款	20 765.50	16 735.90	12 296.10
预付款项	3 475.28	11 521.70	17 491.80
其他应收款	490.04	53.02	84.74
存货	17 238.10	7 893.78	21 426.60
流动资产合计	70 224.20	54 688.60	66 329.40
非流动资产			
固定资产原值	55 263.00	55 150.80	54 743.10
累计折旧	37 167.10	33 015.10	28 602.70
固定资产净值	18 095.80	22 135.70	26 140.40
固定资产净额	18 095.80	22 135.70	26 140.40
递延所得税资产	759.23	1 531.02	489.87
非流动资产合计	18 855.10	23 666.70	26 630.30
资产总计	89 079.20	78 355.30	92 959.70
流动负债			
短期借款		3 500.00	3 500.00
应付票据		3 000.00	16 000.00
应付账款	34 747.70	17 405.60	21 590.40
预收款项	2 387.59	2 801.01	1 258.17
应付职工薪酬	827.96	777.66	661.6
应交税费	1 589.29	830.16	-3 148.75
其他应付款	238.96	2 296.55	517.1
流动负债合计	39 791.50	30 611.00	40 378.60
非流动负债			
负债合计	39 791.50	30 611.00	40 378.60
所有者权益			
实收资本（或股本）	27 919.80	13 959.90	13 959.90

续表

报表日期	2013-12-31	2012-12-31	2011-12-31
资本公积	4 536.74	4 536.74	4 536.74
专项储备	838.31	659.6	528.02
盈余公积	2 111.14	2 111.14	2 111.14
未分配利润	9 915.80	22 980.90	26 003.50
归属于母公司股东权益合计	45 321.80	44 248.30	47 139.30
少数股东权益	3 965.91	3 495.94	5 441.80
所有者权益（或股东权益）合计	49 287.70	47 744.30	52 581.10
负债和所有者权益（或股东权益）总计	89 079.20	78 355.30	92 959.70

表 5-16　M 公司 2011—2013 年利润表

单位：万元

报表日期	2013-12-31	2012-12-31	2011-12-31
一、营业总收入	126 337.00	119 316.00	153 115.00
营业收入	126 337.00	119 316.00	153 115.00
二、营业总成本	120 577.00	123 581.00	150 214.00
营业成本	109 506.00	111 655.00	140 111.00
营业税金及附加	119.68	109.48	382.94
销售费用	6 205.04	5 814.24	4 714.11
管理费用	4 339.87	3 704.52	3 461.23
财务费用	66.12	284.29	971.19
资产减值损失	339.93	2 014.20	573.72
投资收益		3.01	4.73
三、营业利润	5 759.80	-4 262.22	2 905.90
营业外收入	3.33	26.75	
营业外支出		121.80	5.14
利润总额	5 763.13	-4 357.28	2 900.76
所得税费用	1 626.25	-1 024.24	788.03
四、净利润	4 136.88	-3 333.04	2 112.72

续表

报表日期	2013-12-31	2012-12-31	2011-12-31
归属于母公司所有者的净利润	3 686.76	-3 022.56	1 897.23
少数股东损益	450.12	-310.48	215.49
五、每股收益			
基本每股收益	0.13（元）	-0.22（元）	0.14（元）
稀释每股收益	0.13（元）	-0.22（元）	0.14（元）
六、其他综合收益			
七、综合收益总额	4 136.88	-3 333.04	2 112.72
归属于母公司所有者的综合收益总额	3 686.76	-3 022.56	1 897.23
归属于少数股东的综合收益总额	450.112	-310.48	215.49

表 5-17　M 公司 2011—2013 年的流动比率

单位：万元

年份　　指标	2013 年	2012 年	2011 年
流动资产			
流动负债			
流动比率			

表 5-18　M 公司 2011—2013 年的速动比率

单位：万元

年份　　指标	2013 年	2012 年	2011 年
速动资产			
流动负债			
速动比率			

表 5-19　M 公司 2011—2013 年的资产负债率

单位：万元

年份　　指标	2013 年	2012 年	2011 年
负债总额			
资产总额			
资产负债率（%）			

表5-20　M公司2011—2013年的产权比率

单位：万元

年份 指标	2013年	2012年	2011年
负债总额			
所有者权益总额			
产权比率（%）			

表5-21　M公司2011—2013年的应收账款周转率

单位：万元

年份 指标	2013年	2012年	2011年
当期销售净收入			
期初应收账款余额			
期末应收账款余额			
应收账款周转率（次）			

表5-22　M公司2011—2013年的固定资产周转率

单位：万元

年份 指标	2013年	2012年	2011年
销售收入			
平均固定资产净值			
固定资产周转率（次）			

表5-23　M公司2011—2013年的存货周转率

单位：万元

年份 指标	2013年	2012年	2011年
销售成本			
平均存货余额			
存货周转率（次）			

表 5-24 M 公司 2011—2013 年的总资产利润率

单位：万元

年份 指标	2013 年	2012 年	2011 年
利润总额			
资产平均总额			
总资产利润率（%）			

表 5-25 M 公司 2011—2013 年的成本费用利润率

单位：万元

年份 指标	2013 年	2012 年	2011 年
利润总额			
成本费用总额			
成本费用利润率（%）			

表 5-26 M 公司 2011—2013 年的销售毛利率

单位：万元

年份 指标	2013 年	2012 年	2011 年
主营业务收入			
主营业务成本			
主营业务收入			
销售毛利率（%）			

请各小组根据相关指标与数据，运用比率、比较等分析方法，结合企业基本财务变化情况，计算并讨论该企业的各项财务指标，将成果以 Word 或 PPT 形式展现。

项目 6

根据材料撰写财务分析报告

以下是上市公司得利斯的会计资料（表 6-1 至表 6-6）请以此为基础，编写得利斯 2013 年财务分析报告（包括基本财务情况分析和财务指标分析）。在形成财务分析报告的过程中，建议从互联网（如新浪财经、东方财富网等）搜集更多的资料。

表 6-1 得利斯 2011—2013 年资产负债表

单位：元

报表日期	2013-12-31	2012-12-31	2011-12-31
流动资产			
货币资金	105 423 000	150 301 000	277 614 000
应收票据	2 420 000	2 080 000	500 000
应收账款	158 650 000	131 741 000	129 997 000
预付款项	17 582 600	47 014 200	32 913 500
其他应收款	13 578 300	7 777 240	1 811 860
存货	254 978 000	246 105 000	225 891 000
其他流动资产	57 905 500	11 910 800	10 000 000
流动资产合计	610 537 000	596 929 000	678 728 000
非流动资产			
固定资产原值	1 198 510 000	1 107 680 000	939 319 000
累计折旧	390 670 000	339 705 000	294 618 000
固定资产净值	807 843 000	767 977 000	644 701 000
固定资产净额	807 843 000	767 977 000	644 701 000
在建工程	39 943 500	52 629 700	69 240 000
无形资产	135 184 000	138 313 000	136 116 000
递延所得税资产	4 640 370	1 278 910	3 595 250
非流动资产合计	987 611 000	960 198 000	853 653 000

续表

报表日期	2013-12-31	2012-12-31	2011-12-31
资产总计	1 598 150 000	1 557 130 000	1 532 380 000
流动负债			
应付票据	1 086 400	3 425 000	8 110 290
应付账款	158 431 000	125 284 000	97 275 800
预收款项	37 970 800	40 503 300	29 314 200
应付职工薪酬	29 174 200	29 293 600	21 578 000
应交税费	-91 476 400	-80 000 600	-66 999 100
应付股利	0	9 013 100	0
其他应付款	91 887 900	90 793 800	81 376 300
流动负债合计	227 074 000	218 313 000	170 656 000
非流动负债			
其他非流动负债	3 002 000	1 600 000	2 400 000
非流动负债合计	3 002 000	1 600 000	2 400 000
负债合计	230 076 000	219 913 000	173 056 000
所有者权益			
实收资本（或股本）	502 000 000	251 000 000	251 000 000
资本公积	514 417 000	770 790 000	788 107 000
盈余公积	20 240 900	19 905 200	18 785 100
未分配利润	276 451 000	234 740 000	237 761 000
归属于母公司股东权益合计	1 313 110 000	1 276 440 000	1 295 650 000
少数股东权益	54 963 500	60 779 700	63 671 400
所有者权益（或股东权益）合计	1 368 070 000	1 337 220 000	1 359 320 000
负债和所有者权益（或股东权益）总计	1 598 150 000	1 557 130 000	1 532 380 000

表 6-2　得利斯 2011—2013 年现金流量表

单位：元

报表日期	2013-12-31	2012-12-31	2011-12-31
一、经营活动产生的现金流量：			
销售商品、提供劳务收到的现金	2 376 970 000	2 269 070 000	2 152 630 000
收到的税费返还	2 553 070	0	3 333 190
收到的其他与经营活动有关的现金	21 863 400	16 959 900	45 843 700

续表

报表日期	2013-12-31	2012-12-31	2011-12-31
经营活动现金流入小计	2 401 390 000	2 286 030 000	2 201 800 000
购买商品、接受劳务支付的现金	1 994 120 000	1 914 550 000	19 280 600 00
支付给职工以及为职工支付的现金	144 712 000	125 676 000	110 202 000
支付的各项税费	63 472 300	64 383 600	42 527 200
支付的其他与经营活动有关的现金	102 760 000	67 670 500	62 506 400
经营活动现金流出小计	2 305 070 000	2 172 280 000	2 143 300 000
经营活动产生的现金流量净额	96 323 600	113 748 000	58 508 100
二、投资活动产生的现金流量：			
收到的其他与投资活动有关的现金	0	0	34 487 200
投资活动现金流入小计	0	0	34 487 200
购建固定资产、无形资产和其他长期资产所支付的现金	76 188 600	181 585 000	226 635 000
投资所支付的现金	56 000 000	19 274 300	37 870 000
支付的其他与投资活动有关的现金	0	0	7 920 120
投资活动现金流出小计	132 189 000	200 860 000	272 426 000
投资活动产生的现金流量净额	-132 189 000	-200 860 000	-237 938 000
三、筹资活动产生的现金流量：			
吸收投资收到的现金	0	980 000	37 870 000
其中：子公司吸收少数股东投资收到的现金	0	0	37 870 000
收到其他与筹资活动有关的现金	12 815 800	36 658 700	22 337 300
筹资活动现金流入小计	12 815 800	37 638 700	60 207 300
分配股利、利润或偿付利息所支付的现金	9 013 100	41 186 900	0
支付其他与筹资活动有关的现金	8 779 160	26 727 600	21 899 500
筹资活动现金流出小计	17 792 300	67 914 500	21 899 500
筹资活动产生的现金流量净额	-4 976 440	-30 275 800	38 307 800
现金及现金等价物净增加额	-40 841 500	-117 387 000	-141 122 000
期初现金及现金等价物余额	142 379 000	259 766 000	400 883 000
期末现金及现金等价物余额	101 537 000	142 379 000	259 761 000
净利润	40 857 300	44 712 400	44 489 700
资产减值准备	5 503 950	10 869 800	9 833 480

续表

报表日期	2013-12-31	2012-12-31	2011-12-31
固定资产折旧、油气资产折耗、生产性物资折旧	50 965 200	45 092 100	33 305 900
无形资产摊销	3 128 510	3 048 820	1 398 880
处置固定资产、无形资产和其他长期资产的损失	0	0	4 159
递延所得税资产减少	-3 361 460	2 316 340	-609 971
存货的减少	-7 265 660	-26 552 100	4 782 270
经营性应收项目的减少	-1 538 730	103 549 000	-53 267 000
经营性应付项目的增加	8 034 540	-69 288 400	18 570 800
经营活动产生现金流量净额	96 323 600	113 748 000	58 508 100
现金的期末余额	101 537 000	142 379 000	259 761 000
现金的期初余额	142 379 000	259 766 000	400 883 000
现金及现金等价物的净增加额	-40 841 500	-117 387 000	-141 122 000

表 6-3 得利斯 2011—2013 年利润表

单位：元

报表日期	2013-12-31	2012-12-31	2011-12-31
一、营业总收入	2 051 740 000	1 974 630 000	1 925 280 000
营业收入	2 051 740 000	1 974 630 000	1 925 280 000
二、营业总成本	2 011 740 000	1 920 730 000	1 886 270 000
营业成本	1 822 890 000	1 733 610 000	1 729 460 000
营业税金及附加	5 996 160	5 567 260	2 654 890
销售费用	130 795 000	125 752 000	112 380 000
管理费用	47 893 500	48 577 900	38 162 600
财务费用	-1 339 350	-3 640 970	-6 221 660
资产减值损失	5 503 950	10 869 800	9 833 480
三、营业利润	39 994 500	53 896 100	39 010 000
营业外收入	7 716 450	2 579 870	16 589 600
营业外支出	88 887	95 891	363 625
利润总额	47 622 100	56 380 100	55 235 900
所得税费用	6 764 790	11 667 700	10 746 300

续表

报表日期	2013-12-31	2012-12-31	2011-12-31
四、净利润	40 857 300	44 712 400	44 489 700
归属于母公司所有者的净利润	42 046 600	48 626 600	46 178 300
少数股东损益	-1 189 290	-3 914 180	-1 688 670
五、每股收益			
基本每股收益	0.084	0.193 7	0.184
稀释每股收益	0.084	0.193 7	0.184
六、综合收益总额	40 857 300	44 712 400	44 489 700
归属于母公司所有者的综合收益总额	42 046 600	48 626 600	46 178 300
归属于少数股东的综合收益总额	-1 189 290	-3 914 180	-1 688 670

表 6-4　得利斯 2012—2013 年上、下半年利润表

单位：元

报表日期	2013-12-31	2013-06-30	2012-12-31	2012-06-30
一、营业总收入	2 051 740 000	1 035 200 000	1 974 630 000	888 927 000
营业收入	2 051 740 000	1 035 200 000	1 974 630 000	888 927 000
二、营业总成本	2 011 740 000	1 003 570 000	1 920 730 000	855 838 000
营业成本	1 822 890 000	906 074 000	1 733 610 000	771 996 000
营业税金及附加	5 996 160	3 480 130	5 567 260	3 205 690
销售费用	130 795 000	65 968 600	125 752 000	55 919 800
管理费用	47 893 500	24 463 100	48 577 900	21 967 200
财务费用	-1 339 350	-759 374	-3 640 970	-2 320 960
资产减值损失	5 503 950	4 347 070	10 869 800	5 069 650
三、营业利润	39 994 500	31 623 300	53 896 100	33 088 900
营业外收入	7 716 450	2 395 660	2 579 870	1 460 810
营业外支出	88 887	38 462	95 891	56 612
利润总额	47 622 100	33 980 500	56 380 100	34 493 100
所得税费用	6 764 790	3 656 420	11 667 700	7 066 170
四、净利润	40 857 300	30 324 100	44 712 400	27 426 900
归属于母公司所有者的净利润	42 046 600	29 593 000	48 626 600	28 469 900
少数股东损益	-1 189 290	731 148	-3 914 180	-1 042 970

续表

报表日期	2013-12-31	2013-06-30	2012-12-31	2012-06-30
五、每股收益				
基本每股收益	0.084	0.059	0.1937	0.1134
稀释每股收益	0.084	0.059	0.1937	0.1134
六、综合收益总额	40 857 300	30 324 100	44 712 400	27 426 900
归属于母公司所有者的综合收益总额	42 046 600	29 593 000	48 626 600	28 469 900
归属于少数股东的综合收益总额	-1 189 290	731 148	-3 914 180	-1 042 970

表 6-5　得利斯 2012—2013 年上下半年资产负债表

单位：元

报表日期	2013-12-31	2013-06-30	2012-12-31	2012-06-30
流动资产				
货币资金	105 423 000	138 911 000	150 301 000	218 052 000
应收票据	2 420 000	2 140 000	2 080 000	100 000
应收账款	158 650 000	169 933 000	131 741 000	142 801 000
预付款项	17 582 600	65 839 100	47 014 200	26 533 000
其他应收款	13 578 300	12 995 000	7 777 240	11 049 200
存货	254 978 000	241 864 000	246 105 000	226 388 000
其他流动资产	57 905 500	2 684 630	11 910 800	13 240 900
流动资产合计	610 537 000	634 367 000	596 929 000	638 165 000
非流动资产				
固定资产原值	1 198 510 000	1 118 490 000	1 107 680 000	1 025 150 000
累计折旧	390 670 000	361 583 000	339 705 000	315 842 000
固定资产净值	807 843 000	756 911 000	767 977 000	709 310 000
固定资产净额	807 843 000	756 911 000	767 977 000	709 310 000
在建工程	39 943 500	54 734 600	52 629 700	8 272 160
无形资产	135 184 000	136 749 000	138 313 000	134 641 000
递延所得税资产	4 640 370	3 514 010	1 278 910	3 651 000
非流动资产合计	987 611 000	951 908 000	960 198 000	855 874 000
资产总计	1 598 150 000	158 280 000	1 557 130 000	1 494 040 000

续表

报表日期	2013-12-31	2013-06-30	2012-12-31	2012-06-30
流动负债				
应付票据	1 086 400	2 365 490	3 425 000	9 848 740
应付账款	158 431 000	153 140 000	125 284 000	92 108 200
预收款项	37 970 800	42 900 500	40 503 300	23 120 100
应付职工薪酬	29 174 200	23 708 100	29 293 600	21 190 500
应交税费	-91 476 400	-84 917 100	-80 000 600	-74 144 600
应付股利	0	0	9 013 100	10 528 000
其他应付款	91 887 900	88 422 100	90 793 800	71 856 200
流动负债合计	227 074 000	225 619 000	218 313 000	154 507 000
非流动负债				
其他非流动负债	3 002 000	3 116 670	1 600 000	2 000 000
非流动负债合计	3 002 000	3 116 670	1 600 000	2 000 000
负债合计	230 076 000	228 736 000	219 913 000	156 507 000
所有者权益				
实收资本（或股本）	502 000 000	502 000 000	251 000 000	251 000 000
资本公积	514 417 000	519 790 000	770 790 000	788 107 000
盈余公积	20 240 900	19 905 200	19 05 200	18 785 100
未分配利润	276 451 000	264 333 000	234 740 000	216 031 000
归属于母公司股东权益合计	1 313 110 000	1 306 030 000	1 276 440 000	1 273 920 000
少数股东权益	54 963 500	51 510 900	60 779 700	63 608 400
所有者权益（或股东权益）合计	1 368 070 000	1 357 540 000	1 337 220 000	1 337 530 000
负债和所有者权益（或股东权益）总计	1 598 150 000	1 586 280 000	1 557 130 000	1 494 040 000

表 6-6　得利斯 2012—2013 年上、下半年现金流量表

单位：元

报表日期	2013-12-31	2013-06-30	2012-12-31	2012-06-30
一、经营活动产生的现金流量				
销售商品、提供劳务收到的现金	2 376 970 000	1 145 330 000	2 269 070 000	981 858 000
收到的税费返还	2 553 070	0	0	0

续表

报表日期	2013-12-31	2013-06-30	2012-12-31	2012-06-30
收到的其他与经营活动有关的现金	21 863 400	8 608 550	16 959 900	6 942 320
经营活动现金流入小计	2 401 390 000	1 153 940 000	2 286 030 000	988 800 000
购买商品、接受劳务支付的现金	1 994 120 000	956 705 000	1 914 550 000	849 922 000
支付给职工以及为职工支付的现金	144 712 000	75 684 300	125 676 000	59 988 100
支付的各项税费	63 472 300	34 392 500	64 383 600	36 874 300
支付的其他与经营活动有关的现金	102 760 000	40 173 300	67 670 500	17 755 400
经营活动现金流出小计	2 305 070 000	1 106 950 000	2 172 280 000	964 540 000
经营活动产生的现金流量净额	96 323 600	46 984 500	113 748 000	24 260 000
二、投资活动产生的现金流量：				
收到的其他与投资活动有关的现金	0	1 816 580	0	6 879 630
投资活动现金流入小计	0	1 816 580	0	6 879 630
购建固定资产、无形资产和其他长期资产所支付的现金	76 188 600	49 761 100	181 585 000	46 271 500
投资所支付的现金	56 000 000	0	19 274 300	0
支付的其他与投资活动有关的现金	0	0	0	7 564.71
投资活动现金流出小计	132 189 000	49 761 100	200 860 000	46 279 100
投资活动产生的现金流量净额	-132 189 000	-47 944 500	-200 860 000	-39 399 400
三、筹资活动产生的现金流量：				
吸收投资收到的现金	0	0	980 000	980 000
收到其他与筹资活动有关的现金	12 815 800	5 885 120	36 658 700	16 540 300
筹资活动现金流入小计	12 815 800	5 885 120	37 638 700	17 520 300
分配股利、利润或偿付利息所支付的现金	9 013 100	8 613 810	41 186 900	38 530 500
支付其他与筹资活动有关的现金	8 779 160	4 825 610	26 727 600	18 128 700
筹资活动现金流出小计	17 792 300	13 439 400	67 914 500	56 659 200
筹资活动产生的现金流量净额	-4 976 440	-7 554 300	-30 275 800	-39 138 900

续表

报表日期	2013-12-31	2013-06-30	2012-12-31	2012-06-30
附注				
现金及现金等价物净增加额	-40 841 500	-8 514 230	-117 387 000	-54 278 300
期初现金及现金等价物余额	142 379 000	142 379 000	259 766 000	259 761 000
期末现金及现金等价物余额	101 537 000	133 865 000	142 379 000	205 483 000
净利润	40 857 300	30 324 100	44 712 400	27 426 900
资产减值准备	5 503 950	4 347 070	10 869 800	5 069 650
固定资产折旧、油气资产折耗、生产性物资折旧	50 965 200	21 878 400	45 092 100	21 260 100
无形资产摊销	3 128 510	1 564 260	3 048 820	1 503 290
递延所得税资产减少	-3 361 460	-2 235 100	2 316 340	-55 749
递延所得税负债增加	0	0	0	0
存货的减少	-7 265 660	3 694 970	-26 552 100	-326 919
经营性应收项目的减少	-1 538 730	-34 827 900	103 549 000	-23 616 400
经营性应付项目的增加	8 034 540	22 238 700	-69 288 400	-3 770 690
其他	0	0	0	-3 230 190
经营活动产生现金流量净额	96 323 600	46 984 500	113 748 000	24 260 000
现金的期末余额	101 537 000	133 865 000	142 379 000	205 483 000
现金的期初余额	142 379 000	142 379 000	259 766 000	259 761 000
现金及现金等价物的净增加额	-40 841 500	-8 514 230	-117 387 000	-54 278 300